pelo Espírito NINA BRESTONINI

500 almas

OSMAR BARBOSA

500 almas

A você, que vai entrar agora nesta linda e reveladora psicografia, desejo muita luz, paz, amor e felicidade. Que as linhas por mim escritas lhe ajudem em sua jornada evolutiva.

São meus sinceros votos,

O autor cedeu os direitos autorais deste livro à
Fraternidade Espírita Amor e Caridade.
Rua São Sebastião, 162 - Itaipu - Niterói, Rio de Janeiro.
www.fraternidadeespirita.org

pelo Espírito NINA BRESTONINI

Book Espírita Editora
5ª Edição
| Rio de Janeiro | 2021 |

OSMAR BARBOSA

BOOK ESPÍRITA EDITORA

ISBN: 978-85-92620-01-1

Capa
Marco Mancen

Projeto Gráfico e Diagramação
Marco Mancen Design

Ilustrações Miolo
Manoela Costa

Revisão
Josias A. de Andrade
Mauro Nogueira

Marketing e Comercial
Michelle Santos

Pedidos de Livros e Contato Editorial
comercial@bookespirita.com.br

Copyright © 2021 by
BOOK ESPÍRITA EDITORA
Região Oceânica, Niterói, Rio de Janeiro.

5ª edição
Prefixo Editorial: 92620
Impresso no Brasil

Todos os direitos reservados e protegidos pela Lei 9.610, de 19/02/1998. Nenhuma parte deste livro pode ser reproduzida ou transmitida por quaisquer formas ou meios eletrônicos ou mecânicos, incluindo fotocópia, gravação, digitação, entre outros, sem permissão expressa, por escrito, dos editores.

Outros livros psicografados por Osmar Barbosa

Cinco Dias no Umbral

Gitano - As Vidas do Cigano Rodrigo

O Guardião da Luz

Orai & Vigiai

Colônia Espiritual Amor e Caridade

Ondas da Vida

Antes que a Morte nos Separe

Além do Ser - A História de um Suicida

A Batalha dos Iluminados

Joana D'Arc - O Amor Venceu

Eu Sou Exu

Cinco Dias no Umbral - O Resgate

Entre nossas Vidas

O Amanhã nos Pertence

O Lado Azul da Vida

Mãe, Voltei!

Depois...

O Lado Oculto da Vida

*Entrevista com Espíritos - Os Bastidores
do Centro Espírita*

Colônia Espiritual Amor e Caridade - Dias de Luz

O Médico de Deus

Amigo Fiel

Impuros - A Legião de Exus

Vinde à Mim

Autismo - A escolha de Nicolas

Umbanda para Iniciantes

Parafraseando Chico Xavier

Cinco Dias no Umbral - O Perdão

Acordei no Umbral

A Rosa do Cairo

Deixe-me Nascer

Obssessor

Regeneração – Uma Nova Era

Deametria – Hospital Amor e Caridade

A Vida depois da Morte

Deametria – A Desobsessão Modernizada

O Suicídio de Ana

Cinco Dias no Umbral - O limite

Agradecimentos

Agradeço, primeiramente, a Deus por ter me concedido esse dom, esse verdadeiro privilégio de servir humildemente como um mero instrumento dos planos superiores.

A Jesus Cristo, espírito modelo, por guiar, conduzir e inspirar meus passos nessa desafiadora jornada terrena.

A Nina Brestonini pela oportunidade e por permitir que estas humildes palavras, registradas neste livro, ajudem as pessoas a refletirem sobre suas atitudes, evoluindo.

Aos meus familiares, pela cumplicidade, compreensão e dedicação. Sem vocês ao meu lado me dando todo tipo de suporte, nada disso seria possível.

E a você, leitor, que comprou este livro e que com sua colaboração nos ajudará a conseguir levar a Doutrina Espírita e todos os seus benefícios e ensinamentos para mais e mais pessoas.

Obrigado.

A todos, os meus mais sinceros agradecimentos.

Osmar Barbosa

Conheça um pouco mais de Osmar Barbosa:
www.osmarbarbosa.com.br

> "A missão do médium é o livro.
> O livro é chuva que fertiliza lavouras imensas,
> alcançando milhões de almas."
>
> *Emmanuel*

Sumário

19 | INTRODUÇÃO
25 | COLÔNIA ESPIRITUAL AMOR & CARIDADE
31 | LIÇÃO
47 | ISADORA
55 | A REUNIÃO
69 | O COMEÇO
81 | O PASSE
91 | A FAMÍLIA
97 | A ESCOLA
105 | O TERREMOTO
113 | À PROCURA DE SAMI
125 | O PRIMEIRO DIA
145 | O SEGUNDO DIA
161 | O TERCEIRO DIA
175 | O RESGATE
185 | O RECOMEÇO
191 | UMA DOSE DE AMOR

> Enquanto há vida, há esperança.

(Eclesiastes 9:4)

Introdução

Ao longo da história da humanidade já ocorreram incontáveis situações de desencarne coletivo. Ações da natureza como terremotos, *tsunamis*, erupções vulcânicas e tantas outras tragédias levaram incontáveis vidas ao desencarne. E, na história recente, temos presenciado situações de desencarne por outras razões, como naufrágios, acidentes aéreos, acidentes automobilísticos, incêndios, desabamentos, e assim continua.

O desencarne é um assunto importante em nossas vidas, pois significa o final desta oportunidade reencarnatória e a interrupção das relações familiares e de amizade dentro dos padrões que conhecemos e estamos habituados aqui no planeta Terra. Logo, é natural que o desencarne de muitas pessoas simultaneamente nos chame ainda mais a atenção. É uma característica do ser pensante refletir sobre sua vida e sobre a interrupção.

E por isso temos nos perguntado: Por que ocorrem estas situações em que muitas vidas são ceifadas ao mesmo tempo? Os espíritos nos alertam que os desencarnes coletivos não representam resgate de erros em vidas passadas, qualquer tipo de castigo ou até mesmo punição. E que também não é resultado de influência de espíritos obsessores ou até mesmo de espíritos desencarnados.

Os ensinamentos que os espíritos orientadores nos trazem estão em torno do uso mais construtivo do nosso livre-arbítrio, o que nos leva a pensar mais criticamente sobre os fatos que causam os desencarnes coletivos, em vez de nos apegarmos a explicações que retiram de nós a responsabilidade sobre os fatos que ocorrem em nossa sociedade e ainda das responsabilidades que assumimos com nosso desejo desenfreado de aquisições materialistas.

Com a evolução do conhecimento científico, o homem passou a conhecer mais a fundo os detalhes do ambiente onde vive, o planeta Terra. Passou a conhecer e a estudar os vulcões, os terremotos, os *tsunamis*, as ações do vento, das chuvas, do fogo, do frio do calor etc. Assim, hoje já é possível sabermos que o planeta nos traz situações de risco à vida do corpo, e passamos a evitá-las quando possível.

Na visão espírita não há destino. Há é justiça, o que significa efeitos coerentes com as causas que lhes deram a origem. Se atuarmos no sentido da prevenção, do ajuste de comportamento e da manutenção da vida, teremos menos situações de desencarne, independentemente de quantas pessoas estejam envolvidas.

Entretanto, se adotarmos as explicações religiosas que eximem a sociedade de suas responsabilidades sobre os fatos, justificando os desencarnes em supostos processos ditos cármicos, estaremos aceitando postergar aprendizados importantes e repetir sofrimentos evitáveis.

Tendo essas reflexões e ensinamentos como base, como podemos avaliar os desencarnes ocorridos no mundo até o dia de hoje?

Os espíritos desencarnados têm alguma influência nos desencarnes coletivos?

Foi esta a pergunta que Kardec fez ao espírito da verdade no Livro dos Espíritos, ao que nossos queridos amigos assim o responderam:

As equipes espirituais podem ser chamadas a intervir construtivamente no sentido da prevenção de algum evento humano de grande significado para a civilização, desde que isso não limite o livre-arbítrio das pessoas envolvidas; no caso de desencarnes coletivos a influência das equipes espirituais é semelhante à das equipes encarnadas, ou seja, é de apoio e ocorre antes, durante ou após o evento.

O desejo de vingança é uma das imperfeições do nosso caráter de seres humanos. Assim como aprendemos a imaginar Deus como um homem forte, acabamos imaginando características humanas também para Sua justiça.

Jesus foi muito claro ao questionar o mérito de perdoar quem amamos e ao insistir que devemos perdoar setenta multiplicado por sete vezes aqueles que de alguma forma nos fizeram algum mal. Devido a essas mesmas imperfeições, há inúmeras maneiras pelas quais nós, espíritos encarnados, aprenderemos sobre a importância da proteção da vida durante nosso estágio encantatório. Dentro do princípio de amor e caridade, não faz nenhum sentido imaginarmos equipes espirituais encarregadas de aplicar penas de morte a encarnados que erraram no passado. Assim todos têm oportunidades diárias de evolução.

"A vida não se resume a esta vida"

Nina Brestonini

> *Se alguém tem ouvidos, ouça... Se alguém leva em cativeiro, em cativeiro irá; se alguém matar à espada, necessário é que à espada seja morto. Aqui está a paciência e a fé dos santos.*

Apocalipse 13:10

Colônia Espiritual Amor & Caridade

Trombetas tocam em toda a colônia. Esse é o sinal de convocação a todos os espíritos tarefeiros e voluntários que auxiliam os trabalhos da colônia. Todos se dirigem a parte central. O aviso é o sinal de que há algum comunicado importante a ser anunciado pela direção do lugar.

– Você está ouvindo, Nina?

– Sim, Felipe, o que será que Daniel quer conosco?

– Não faço a mínima ideia.

– Venha, vamos à praça central.

– Sim, vamos.

Nina e Felipe deixam seus afazeres na ala das crianças e se dirigem para os jardins da colônia, onde há um grande telão plasmado, onde todos podem assistir ao comunicado do presidente a colônia espiritual.

Daniel é o presidente da Colônia Espiritual Amor & Caridade. Após centenas de encarnações e ter atingido um alto grau evolutivo, Daniel dirige com inteligência uma das últimas colônias espirituais criadas na espiritualidade. A Colônia Amor & Caridade é especializada no restabelecimento do espírito quando, na matéria, sofre as enfermidades causadas pelo câncer. As quimioterapias e radioterapias aplicadas em pacientes terminais causam lesões nos espíritos por serem de materiais radioativos, ajuntada às questões morais.

Os tratamentos alongados causam ferimentos maiores que precisam ser tratados no mundo espiritual; o câncer é um desequilíbrio celular, e a má reprodução dessas células, ajustada à busca da ciência em curá-las, causa as lesões que são tratadas nesta colônia.

Após o tratamento de equilíbrio espiritual, que é feito por meio de passes fluídicos, terapias e a conscientização da vida eterna, esses espíritos são transferidos para outras colônias. Alguns espíritos são encaminhados para a reencarnação em Nosso Lar, outros são convidados a servirem em diversas colônias no mundo espiritual e outros, por afinidade e formação acadêmica, ficam a servir a seus semelhantes na própria colônia. Em Amor e Caridade encontramos um grande número de médicos e enfermeiros recém-desencarnados servindo nas diversas enfermarias da colônia.

A forma física adquirida por meio das reencarnações é um estado evolutivo; os espíritos são criados simples e ignorantes, vivem experiências minerais, animais e humanas. Outras formas estão a seguir na escala evolutiva. Lesões e perdas de partes do corpo, como amputações, danificam a forma espiritual adquirida por meio da evolução, novas formas ainda estão por vir; desta forma, esses espíritos precisam ser ajustados para continuarem em sua trajetória de evolução.

Essa é a Colônia Espiritual Amor & Caridade, que está posicionada dentro da Colônia das Flores sobre o estado de Santa Catarina, parte do Paraná e ainda em parte de São Paulo e Goiás, entre a região Sul e Sudeste do Brasil.

Centenas de espíritos se ajeitam pelo gramado, uns se sentam e apreciam as belezas naturais do lugar, outro se mantêm de pé, alguns abraçados e felizes com a oportunidade de se encontrarem. O ambiente é o melhor possível.

Isabelle se aproxima de Nina.

– Oi, Nina!

– Olá, Isabelle, como vai?

– Estou ótima. E você, Felipe, sempre bonitão e esbelto!

– São os seus olhos, Isabelle, seus olhos. Como você está?

– Estou bem.

– E como está o Ernani? – pergunta Felipe.

– Continua cuidando dos pacientes que chegam mutilados.

– Esse Ernani não para nem para descansar, não é? – diz Nina.

– Ainda bem que você o conhece, não é, Nina? Teimoso e trabalhador incansável!

– Gosto do jeito dele de ser. Eu ainda me lembro o dia em que ele chegou aqui – diz Nina, saudosa.

– Nossa! Foi incrível mesmo quando ele chegou – diz Isabelle.

– Pois é – diz Nina.

– Ernani lhe é muito grato, viu, Nina! – diz Isabelle.

– Deixe-o ser grato, isso é bom!

– Sim, com certeza.

– Isso mesmo, Isabelle, isso mesmo – diz Felipe.

– Vocês, por acaso, sabem o que Daniel quer nos falar? – pergunta Isabelle.

– Não faço a mínima ideia – diz Nina.

– Não adianta você me olhar deste jeito, eu também não sei de nada – diz Felipe fixando o olhar em Isabelle.

– Bom, então vamos esperar para ver o que vem por aí.

– Essa é nossa melhor opção, não tenham dúvidas. Pelo menos sabemos que o assunto é com todos, pois quando Daniel quer tratar alguma coisa pessoal ele nos chama em seu gabinete.

– Pois é isso mesmo. Vamos esperar para ver – diz Isabelle.

– Mas já faz tempo que ele tocou o sinal.

– Calma, Felipe, tenha calma! Daniel provavelmente está esperando ordens.

– Ou alguém, não é, Nina?

– Sim, ou alguém – diz Nina.

Lição

A imagem se abre e Daniel aparece na tela. Ele está sentado em sua mesa em seu gabinete.

– Senhoras e senhores, bom-dia! Eu tenho um comunicado muito importante para fazer para todos vocês: recebi a orientação de nossa mentora espiritual para selecionar um grupo de espíritos para seguirem comigo para um resgate de quinhentos espíritos, um resgate coletivo. Haverá, dentro de alguns dias, uma grande catástrofe em que milhares de espíritos desencarnarão. Alguns desses irmãos serão acolhidos em nossa colônia, e nós seremos os companheiros de viagem de volta desses irmãos. Seremos nós os responsáveis pelo resgate de cada um deles. A dor e o sofrimento serão muito grandes. Cabe a nós o resgate desses que são espíritos amigos e irmãos de encarnações anteriores e de muitos de nós, que estamos fixados aqui trabalhando pelo bem de todos. Agora se finda sua estada no plano terreno. É chegada a hora da volta. Como todos vocês sabem, nesses grandes holocaustos nós nos organizamos para que tudo se cumpra seguindo a ordem natural das coisas de Deus. Estarei recrutando pessoalmente setecentos espíritos voluntários para descerem comigo até o país do terremoto e acompanharmos os últimos dias de vida desses que voltarão conosco para a nossa colônia. Amanhã, o Marques estará recebendo os queridos irmãos no galpão de número seis para realizarmos, juntos, uma triagem. Agora voltemos a nossos compromissos. Deus habita em ti. Fiquem em paz – Daniel conclui.

A imagem desaparece e todos ficam atordoados e alvoroçados com a notícia.

Todos querem ajudar. Esses acontecimentos na Terra deixam os espíritos solidários eletrizados com a oportunidade de descerem e ajudarem aos encarnados.

O alvoroço é grande.

Nina e Felipe se despedem rapidamente de Isabelle e voltam para a ala das crianças sem trocarem uma só palavra, apenas olhares.

Após chegarem ao galpão para seguirem em seus trabalhos, Nina e Felipe são abordados por Marques, que lhes aguardava na antessala da enfermaria.

– Nina e Felipe, estava mesmo esperando vocês chegarem – diz Marques, ansioso.

– Diga, Marques – diz Nina.

– Daniel me pediu para avisá-los que ele quer falar com vocês a sós.

– Avise-o que já estamos indo, Marques, por favor – diz Nina.

– Tudo bem, eu aviso; só não demorem, sabem como ele é muito ocupado.

– *Tá* bom Marques, *tá* bom; pode deixar, sabemos disso – diz Felipe.

Marques é assim, tudo para ele tem que ser naquele momento, isso é uma característica deste nobre e carinhoso irmão.

– Então vou avisá-lo que vocês já estão indo.

– É, Nina, não tem jeito, acho melhor irmos agora mesmo – diz Felipe.

Carinhosamente, com um gesto de cabeça, Nina confirma a solicitação de Felipe.

– Venha, Marques, vamos encontrar com Daniel agora mesmo – diz Nina.

– Ainda bem que vocês se decidiram logo.

– Você é demais, Marques!

Nina, Felipe e Marques se dirigem até o galpão central onde fica a confortável sala de Daniel.

Um extenso corredor separa o grande gabinete das demais dependências do galpão. O gabinete de Daniel é de cor violeta, bem clarinho. A mesa é de um tipo de material que não se vê na Terra, mede aproximadamente uns três metros de comprimento por um metro e meio de largura. Elegante e finíssima. As cadeiras são dispostas à frente de Daniel, há um total de seis lugares, onde os convidados se sentam. A mesa e as cadeiras são brancas.

O ambiente é leve. Por detrás de sua mesa há uma enorme tela onde Daniel instrui os espíritos de suas missões, e por vezes é nessa tela que se passam as vidas anteriores daqueles que estão em seu gabinete, e ali tudo é acertado.

No lado direito há uma porta de uns dois metros de largura por uns quatro de altura. Ao transpor esta porta pode se ver um pequeno oratório com uma luz que desce, acesa ininterruptamente. Uma névoa de cor lilás perfuma todo o ambiente.

Há, ainda, uma pequena fonte de água da qual todos os convidados podem beber, e logo Marques lhes oferece um copo.

– Quer água, Nina?

– Sim, obrigada, Marques!

– E você, Felipe, quer também?

– Sim, Marques. Essa água daqui é impossível de se recusar.

Daniel então se levanta e cumprimenta Nina e Felipe apertando-lhes as mãos.

– Sentem-se, por favor – diz Daniel indicando o lugar para Nina e Felipe.

– Obrigada, Daniel – diz Nina.

– Obrigado, irmão – diz Felipe.

– Por que vocês querem beber água? – pergunta Daniel.

– Ah, Daniel, sinto saudades do meu corpo físico, do tempo em que era necessário que bebêssemos água, só isso – diz Nina.

– Já que vocês sabem que não necessitam mais desse elemento para auxiliá-los...

– Sabemos – diz Felipe.

– ... Eu mantenho esta fonte aí para aqueles que chegam, desesperados de sua última encarnação e que precisam acalmar-se ou até mesmo ficarem calados.

– Sabemos que do alto de sua inteligência, você usa destes artifícios para acalmar aqueles que necessitam de paz interior – diz Nina.

– É para isso que esta fonte existe – diz Daniel se aproximando da fonte.

– Olhem como a água muda de cor à medida que me aproximo dela! – diz Marques.

– Verdade – diz Nina. – Olhe, Felipe!

– Sim, por que isso acontece, Daniel?

– Fluidos, simplesmente fluidos – diz Daniel.

– Posso ver que por meio de seu desejo você consegue mudar a cor da água, Marques – diz Nina.

– Nina, por meio de nossos desejos podemos mudar muitas coisas. Às vezes as pessoas vivem em sofrimento por não se permitirem mudar. As mudanças, embora por vezes dolorosas, são necessárias à transformação daquilo que faz mal – diz Daniel.

– Isso é a mais pura verdade, Daniel – diz Marques.

– Obrigado pelos ensinamentos – diz Felipe.

– Sem mais, Felipe. Vocês viram minha mensagem no telão?

– Sim, nós estávamos lá nos jardins.

Marques se aproxima com dois copos de água em uma bandeja dourada.

– Com licença, Daniel, por interromper.

– Sem problemas, Marques, sirva a água a Nina e Felipe.

– Sim, senhor.

Marques repousa suavemente sobre a mesa os dois copos com água. Nina e Felipe agradecem a gentileza com um belo sorriso nos lábios.

— Obrigada — diz Nina.

— De nada — diz Marques.

— Agora Marques, por gentileza, você pode nos deixar a sós?

— Sim, Daniel, perdoe-me.

— Vá, Marques, e chame, por gentileza, o Rodrigo e o Lucas.

— Sim, senhor.

Apressadamente, Marques sai a procurar Rodrigo e Lucas pela colônia.

— Como estão as crianças, Nina? Estão lhe dando muito trabalho? — pergunta Daniel.

— O trabalho de sempre, Daniel.

— E você, Felipe, o quem tem feito para auxiliar as crianças?

— Bom, Daniel, como você já sabe, meu trabalho é auxiliar Nina, e nós estamos desenvolvendo uma técnica de ajuste para os que chegam muito assustados.

— Olha que bom! Depois me mostre o que vocês estão fazendo — diz Daniel, sorrindo.

— Com muito prazer! — diz Felipe, animado.

— Perdoe-me, Daniel, mas o que você quer conosco? — pergunta Nina.

— Você viu a mensagem que passei a todos?

– Sim – diz Nina –, nós vimos e você já me perguntou isso.

– Pois bem, haverá um grande terremoto com milhares de desencarnes. Nós fomos convocados por nossa mentora a auxiliar e resgatar quinhentos espíritos. Nós iremos trazê-los para cá, ajustá-los e encaminhá-los para outras colônias para que possam seguir evoluindo.

– Onde será esta tragédia? – pergunta Nina.

– No Peru.

– Nossos *hermanos* vão sofrer essa tragédia? – pergunta Felipe.

– Sim, e isso vai acontecer muito em breve – diz Daniel sentando-se em sua confortável cadeira.

– Quantos vão desencarnar, Daniel? – pergunta Nina.

– Entre oitenta e cem mil encarnados – diz Daniel.

Felipe dá um salto da cadeira e arregala os olhos fixados em Daniel.

– O quê? Como assim, Daniel? Oitenta mil, cem mil, como assim?

– Sim, Felipe. Entre oitenta e cem mil encarnados terminarão sua existência corpórea no Peru. E qual é o problema? – diz Daniel.

– Meu Deus, que trabalheira danada isso vai dar para nós – diz Felipe.

– Felipe, nós só cuidaremos de quinhentos – diz Nina colocando sua mão direita sobre as mãos repousadas de Felipe.

– Eu sei, Nina, mas esse movimento será extremo aqui e em outras colônias que receberão esses irmãos.

– Sim, Felipe. Mas qual é o problema? – insiste Daniel.

– Não, Daniel, me perdoe, não é problema, mas acho que um país como o Peru perder oitenta mil cidadãos é algo sobrenatural.

– Felipe, o desencarne em massa tem um propósito, e você sabe disso – diz Daniel.

– Eu sei, Daniel, eu sei. Mas já pensou nas mães que vão perder seus filhos? Quantos corações chorosos e tristes com a separação!

– Ele, o Pai, já pensou nisso – diz Daniel, serenamente.

– Relaxa, Felipe, isso é muito natural; nós é que ficamos felizes em poder estar por perto e ajudar tantos espíritos nessa hora – diz Nina.

– Eu sei, Nina. Eu só fico preocupado é com os pais que vão perder seus filhos nesta catástrofe. Fico triste por aqueles que ficarão em sofrimento.

– Felipe, você está conosco aqui há bastante tempo. Muitas das vezes você esteve na Terra encarnado e muitas dessas vezes você morreu ainda jovem deixando sua mãe sofrendo e triste. Lembra-se de Daiane?

– Sim, claro que me lembro, eu e Nina tivemos com ela uma missão.

– Pois bem, qual é a diferença?

– Eu sei Daniel, eu sei.

– Agora tens é que juntar-se a nós para que tudo corra dentro das vontades do criador – diz Daniel.

– Desculpe-me, Daniel, desculpe por eu ter me assustado; é que convivo com crianças o dia inteiro falando da saudade que sentem de seus pais. Agora, certamente, iremos receber um número ainda maior e isso entristece meu coração – diz Felipe, acalmando-se.

Nina estende o braço, pega as mãos de Felipe e puxa-as para perto de si.

Daniel observa o gesto e fica feliz.

– Vocês sempre me surpreendem em bondade. Parabéns, Felipe, por sua transformação! É isso que Ele deseja de seus filhos – diz Daniel.

– Obrigado, Daniel.

– Fico extremamente feliz quando vejo que meu trabalho aqui na colônia vem trazendo resultados positivos. Essa transformação moral que você acaba de exercer é o que me deixa emocionado e feliz.

– Obrigado, Daniel.

– Não adianta sofrer antes dos acontecimentos. Vamos seguir as orientações de nossa mentora e vamos auxiliar aos espíritos irmãos que no momento do desencarne precisarão de nós.

– Sim, Daniel, sem dúvida – diz Felipe.

– Mas Daniel, por que nós é que faremos esse resgate? Afinal, estamos cuidando do Brasil, por que estaremos auxiliando espíritos do Peru? Como vamos lidar com o idioma deles?

– Nina, Rodrigo conhece bem a língua que se fala no Peru; e ele estará a seu lado resgatando as crianças e colocando-as em nossos veículos de transporte, que estarão à sua disposição.

– A língua não é problema para mim – diz Nina. – Mas eu não estou entendendo. As crianças! Como assim, Daniel?

– Sim, Nina, cabe-nos resgatar as quinhentas crianças.

– Agora o negócio ficou pior – diz Felipe levando as mãos ao rosto.

– Sim, Nina. Nós só iremos buscar crianças – diz Daniel.

– Meu Deus, nossa mentora pirou – diz Nina.

– Não, ela não pirou não. Lembre-se que Amor & Caridade é uma colônia especializada no atendimento às crianças, principalmente aquelas que são vítimas de câncer. Nossa colônia foi criada para atender a esse tipo de espírito. E, sendo assim, temos a estrutura que comporta esse atendimento.

– Mas Daniel, eu não tenho onde colocar mais nenhuma criança.

– Eu sei disso, tenha calma que o Rodrigo e o Lucas já estão providenciando as adaptações necessárias para esse atendimento.

– Meu Deus! E eu não sabia de nada – diz Felipe.

– Fui eu, pessoalmente, que pedi ao Rodrigo para não dizer nada a ninguém, por ordens de nossa mentora.

– Eu compreendo, Daniel – diz Nina.

– Mas o que você quer que eu faça?

– Nina e Felipe, vocês prestem muita atenção!

– Vocês foram selecionados por nossa mentora para cumprirem um papel muito especial nessa tragédia, milhares de crianças vão desencarnar soterradas. Cabe a vocês tirarem essas crianças de debaixo dos escombros, organizarem-nas e encaminhá-las para os veículos de transporte que estarão fazendo a viagem de volta para as colônias. Enquanto isso é organizado, é a vocês que as crianças ficarão subordinadas. Essa é a primeira das missões que vocês devem desempenhar no dia da tragédia.

– Sim, a velha sensação de que o corpo vai voltar a viver.

– Isso mesmo, como vocês já estão acostumados, o espírito que ainda não conhece a lei da reencarnação e acha que morreu, ele fica por dias ao lado do corpo morto na esperança de reanimá-lo para a vida. Vocês deverão trazer as crianças o mais rápido possível para os transportes.

– Prepare-se para o caos, Felipe – diz Nina, assustada.

– Realmente, será uma batalha. Mas não se preocupe. Mais tarde estaremos reunidos para organizarmos toda a ação – diz Daniel.

– Está bem, Daniel, se é isso que temos que fazer, assim o faremos.

– Muito bom, Felipe. Muito bom.

– Agora vamos, Felipe. Vamos ver as crianças, e assim que for a hora da reunião com o Rodrigo e o Lucas, estaremos aqui, Daniel.

– Eu peço ao Marques para lhe avisar, Nina – diz Daniel.

– Obrigado, Daniel. Venha Felipe, vamos voltar ao trabalho.

Felipe se levanta e cumprimenta Daniel com um aperto de mão.

– Até breve, Daniel!

– Até, Felipe, até!

Daniel volta a seus afazeres e espera que Marques encontre Rodrigo e Lucas para que a reunião de ajuste à missão seja tratada.

Nina e Felipe saem da sala de Daniel e caminham lentamente para as enfermarias.

– Nina, posso lhe falar uma coisa?

– Claro, Felipe, o que houve?

– Embora eu já esteja aqui há bastante tempo, trabalhando por mim e por todos, ainda me assusto com essas missões para as quais Daniel nos solicita.

– Confesso que eu também fico assustada com essas missões. Tentar compreender o incompreensível é, sem dúvida, o maior dilema de todos os filhos da criação.

– É. Achamos que pelo fato de estarmos desencarnados estamos imunes às surpresas, mas não estamos. Tudo isso que o Daniel falou hoje me deixou muito surpreso. Por que desencarnar oitenta mil pessoas de forma tão trágica? Por que, meu Deus?

– Já participamos de muita coisa juntos, Felipe. Essa de hoje me surpreendeu muito também – diz Nina.

> *...O teu trabalho é a oficina
> em que podes forjar a tua própria luz.*
>
> *Emmanuel*

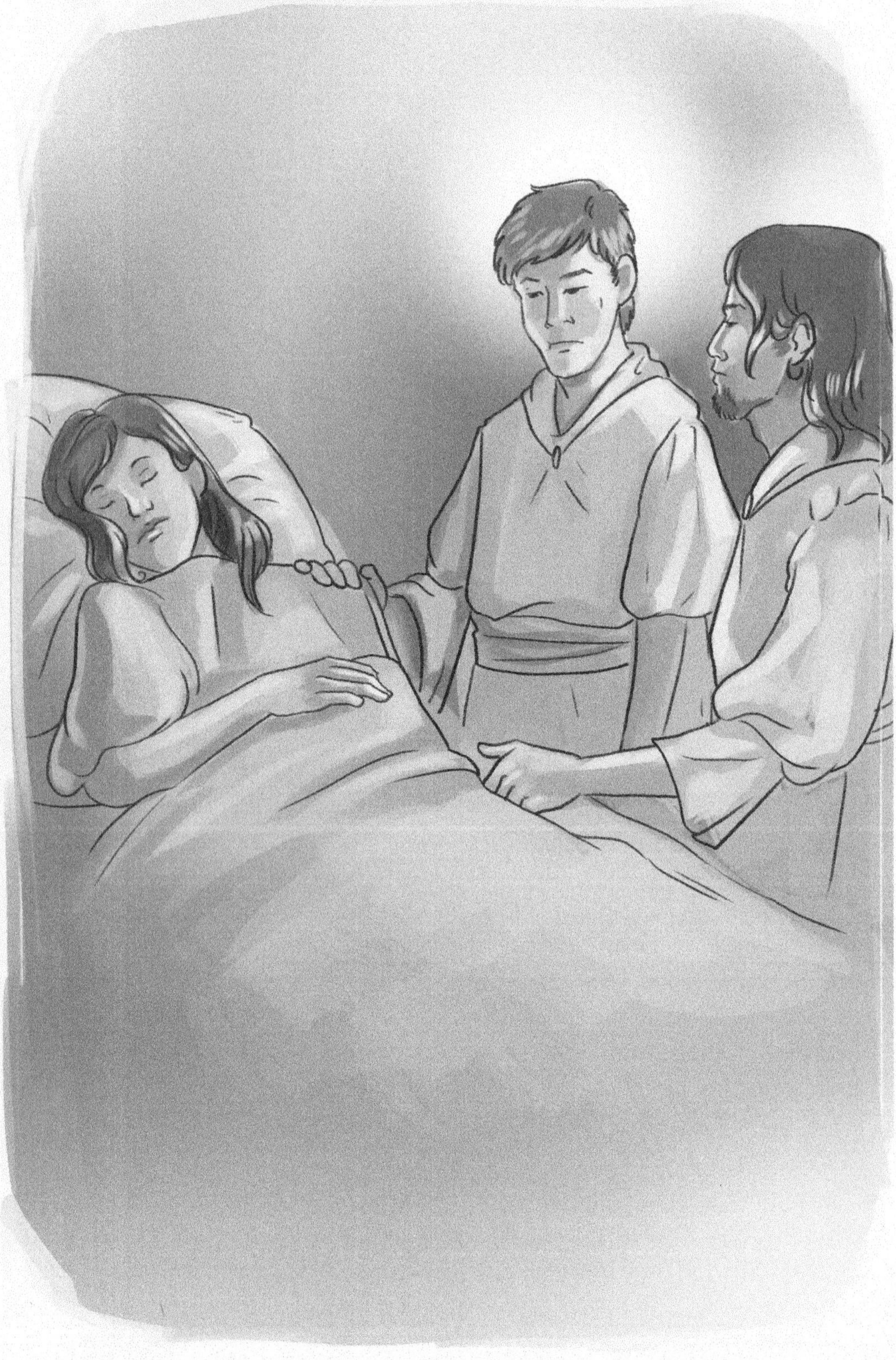

Isadora

Marques finalmente encontra Rodrigo e Lucas.

– Vejam, estava mesmo procurando por vocês.

– Diga, Marques, o que houve? – pergunta Rodrigo.

– Daniel deseja vê-los no galpão com os demais tarefeiros.

– Avise-o que já estamos indo – diz Rodrigo.

– Vou avisar. E você, Lucas, o que eu digo para Daniel?

– Marques, nós estamos terminando de arrumar umas coisas aqui e logo iremos. Perdoe-nos, mas estamos dando passes fluídicos em alguns irmãos que chegaram desesperados e assim que terminarmos vamos ao encontro de Daniel.

– Perdoe-me, Lucas, achei que vocês estavam esperando por alguém.

– Sim, nós estamos aqui esperando a autorização para entrarmos nesta outra enfermaria e realizar a nossa tarefa – diz Rodrigo.

– Puxa vida, como eu queria poder ajudá-los! – diz Marques.

– Por que você não pede a Daniel? – diz Rodrigo.

– Fico meio sem jeito, Daniel precisa tanto de mim – diz Marques.

– Isso é verdade, Marques, o que seria do Daniel se não tivesse você para organizar as coisas para ele?!

– Verdade – diz Lucas.

– Que nada, sou apenas mais um operário desta colônia – diz Marques.

– Bobagem Marques. Você é muito especial para todos nós, converse com Daniel, tenho certeza que ele vai lhe autorizar a nos ajudar nessas tarefas.

– Você acha mesmo que devo falar com ele, Rodrigo?

– Sim, meu amigo. Se você quiser, eu mesmo falo com ele.

– Não precisa, eu é que preciso ter coragem para encarar meus próprios desafios.

– Boa, Marques! – diz Lucas.

– É isso aí, amigo. Bom, se você precisar, saiba que pode contar comigo – diz Rodrigo.

– Obrigado, Rodrigo.

– Então vou avisar Daniel, Nina e Felipe que vocês já estão cientes e que em breve estarão conosco na reunião.

– Sim, me faça este favor, Marques – diz Rodrigo.

– Pode deixar – diz Marques, se afastando.

– Venha, Lucas, já podemos entrar e começar os passes.

Rodrigo e Lucas entram em uma enfermaria que tem aproximadamente sessenta macas flutuantes. Deitados sobre elas estão espíritos que acabaram de chegar da Terra. Muitos deles vieram de desencarnes traumáticos, como acidente de carro e atropelamento, outros são vítimas de câncer. Seus perispíritos se encontram em péssimo estado fluídico. Rodrigo e Lucas emanam sobre eles fluidos de refazimento, acalmando-os e aprofundando-os no sono da recuperação. Alguns outros espíritos são voluntários nessa tarefa. Para cada grupo de dez macas há três espíritos voluntários trabalhando e auxiliando aqueles que acabaram de chegar.

– Olhe essa menina, Rodrigo – diz Lucas, se aproximando de Isadora.

– Tão jovem! – diz Rodrigo.

– Sim, jovem e muito bonita – insiste Lucas.

– É verdade – diz Rodrigo.

Sheila, que é uma das coordenadoras do setor, se aproxima e cumprimenta Rodrigo.

– Olá, Rodrigo, como vai?

– Estou bem, Sheila, e você?

– Estamos trabalhando bastante.

– Olá, Lucas.

– Oi, Sheila. Essa menina chegou quando? – pergunta Lucas, acariciando a face da menina.

– Chegou hoje, na verdade acabou de chegar.

– O que houve com ela? – pergunta Lucas.

– Foi assassinada em um assalto.

– Meu Deus, uma menina tão bonita – diz Lucas.

– Sim, Lucas, é uma pena! Tão jovem e já de volta aqui para ser preparada para reencarnar.

– Mas ela não precisou ir para o Umbral depurar-se? – pergunta Lucas.

– Não – diz Sheila.

– Mas, por quê? Perdoe-me as perguntas, mas uma jovem tão linda já de volta para o refazimento, sem se depurar?

– Ela não precisou passar pelo Umbral, porque seus pais são pessoas muito especiais para nós; eles são dirigentes de uma casa espírita e dedicam-se ao extremo em auxiliar os mais necessitados.

— Isso faz diferença?

— Claro! Ação, reação, causa e efeito. É assim que tudo funciona, e vocês sabem disso.

— Sim, sabemos — diz Lucas.

— Por se dedicarem muito à divulgação da palavra de Deus, seus pais merecem a justa misericórdia divina, e Deus concede a esses irmãos a salvação daqueles que eles amam profundamente.

— Entendi, quer dizer que quem faz o bem em excesso é ajudado em excesso também?

— É, mais ou menos isso — diz Sheila.

— Posso explicar para ele, Sheila? — pergunta Rodrigo.

— Claro, amigo, explique.

— Somos a soma de tudo o que fazemos. Se praticarmos o bem, recebemos o bem em abundância. Provavelmente essa menina teria que deixar a Terra de uma forma ainda pior. Por merecimento de seus pais, ela veio até nós para ser preparada para voltar o mais breve possível para perto daqueles que ela ama.

— Nossa, será que isso é verdade, Sheila? Quer dizer, não questionando seus ensinamentos, Rodrigo, mas será que é assim que as coisas estão acontecendo com esta menina?

– Lucas, você tem que acreditar mais nos seus amigos.

– Perdoe-me, Sheila; perdoe-me, Rodrigo, minha pergunta foi infeliz.

– Não, não foi infeliz, foi inoportuna, só isso. Mas vou te mostrar. Olhe!

Uma tela se abre sobre o corpo de Isadora e uma imagem começa a aparecer. Os demais trabalhadores que estão naquela enfermaria naquele momento se aproximam e começam a olhar atentamente o que vai acontecer.

Isadora aparece jovem ainda, aparentando uns vinte e seis anos. Ela está feliz e grávida de seis meses. Ao atravessar a rua sem perceber, Isadora é atropelada por seu antigo namorado, que ao se vingar dela a mata junto com o seu bebê, ainda no ventre.

Todos ficam assustados com a cena, e Sheila intercede.

– Vocês viram o que iria acontecer com Isadora se ela continuasse encarnada?

– Sim, estamos vendo.

– Pois bem, pela misericórdia divina, espíritos superiores intercederam para que isso não acontecesse, e Isadora desencarnou agora aos dezesseis anos. Após terminarmos de prepará-la para a reencarnação ela renascerá no ventre de sua mãe. Ou seja, voltará ao seio da mesma família. Sua mãe ainda é jovem e logo ficará grávida dela. Seu obsessor, que seria seu namorado nessa encarnação, não poderá encontrá-la, visto que estarão em vibração diferente e distantes um do outro, assim se cumpre por merecimento a vontade do Criador.

– Nossa, olhando essa frágil menina sobre esse leito, jamais eu imaginaria que por detrás dela há uma história tão linda – diz Lucas.

– Cada ser tem em si uma história própria que cabe a ele iluminar-se para as futuras existências – diz Rodrigo.

– Muito boa a sua colocação, Rodrigo – diz Sheila.

– Obrigado, Sheila, obrigado – agradece Rodrigo.

– Vamos voltar ao trabalho, pessoal; afinal, todos esses que estão aqui precisam de nossa ajuda para seguirem em frente.

– Obrigado, Sheila – diz Lucas.

– Vocês não estão atrasados para o encontro com Nina? – diz Sheila.

– Caramba! Tinha até esquecido da reunião... Vamos, Rodrigo! – diz Lucas.

– Vamos sim, Lucas. Até breve, Sheila!

– Vão, meninos – diz Sheila.

Rodrigo e Lucas se dirigem ao galpão para o encontro com os demais espíritos.

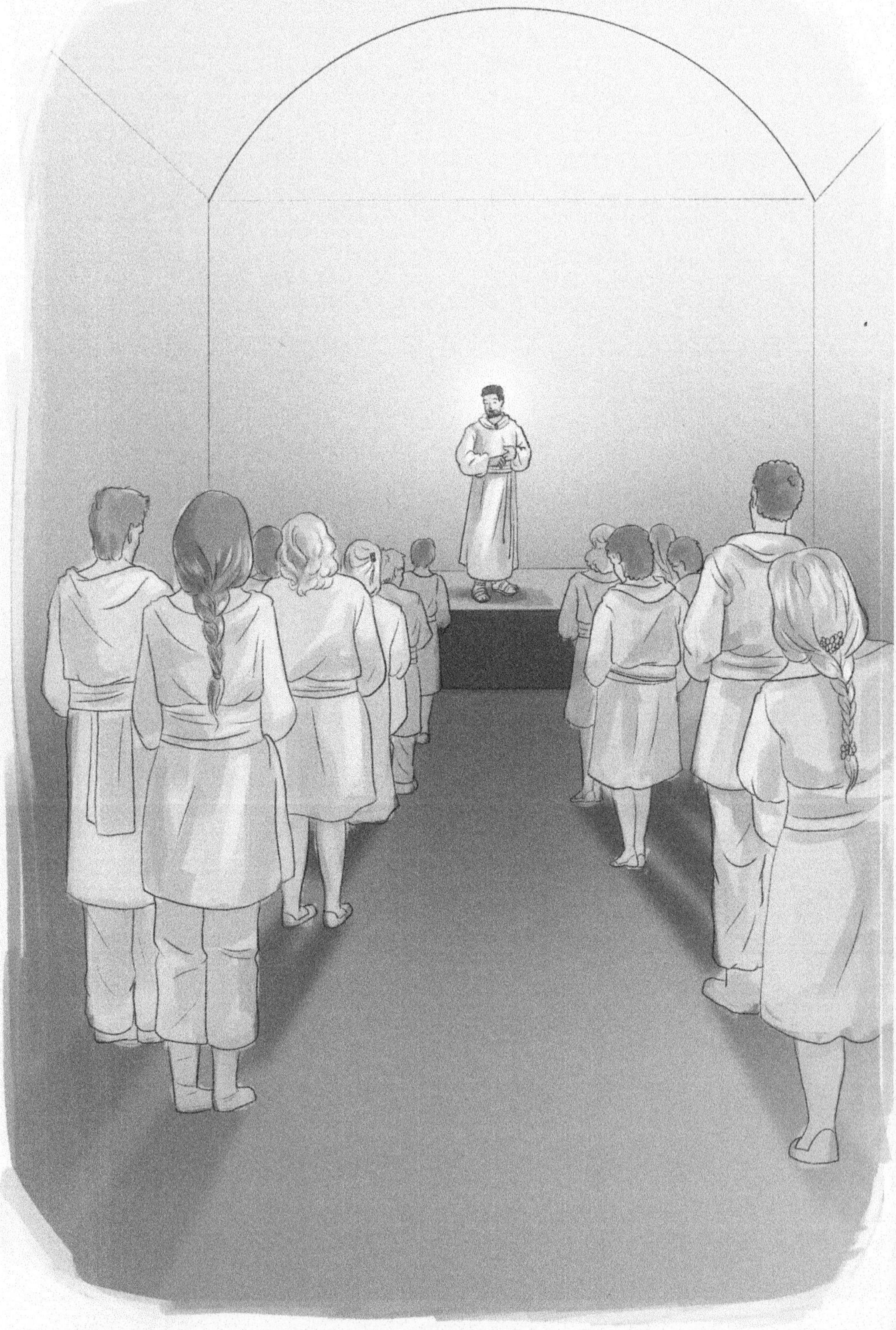

A Reunião

O espaço é pequeno para a quantidade de espíritos reunidos. Todos querem participar do resgate desses irmãos, que certamente se encontrarão em aflição. Nina e Felipe estão sentados ao lado de Marques, que já havia organizado tudo para Daniel. Rodrigo e Lucas se aproximam:

– Olá, Nina – diz Rodrigo.

– Olá, meu querido amigo – diz Nina estendo-lhe as mãos.

Carinhosamente, Rodrigo toma em suas mãos as mãos de Nina, que sorri feliz com a presença do amigo. Delicadamente, Rodrigo beija as mãos de Nina.

– Olá, Felipe! – diz Rodrigo.

– Olá, meu amigo!

– Estão ansiosos? – pergunta Lucas, aproximando-se.

– E quem não está? – diz Marques.

– É verdade, todos nós estamos ansiosos com a escolha que Daniel fará. Sabemos do compromisso que temos com esses irmãos. Embora estejamos acostumados com essa realidade, a oportunidade de estar presente na Terra auxiliando é, para mim particularmente, um momento muito especial – diz Rodrigo.

– Após centenas de anos entre os encarnados você ainda sente saudades desses momentos, Rodrigo? – pergunta Nina.

– Nina, minha querida, sabemos que tudo acontece na Terra, e que quando estão encarnados todos os espíritos recebem as oportunidades necessárias à sua evolução. Sabemos que é quando estamos encarnados que recebemos as provas mais difíceis. Embora aqui na vida espiritual continuamos a ter oportunidades infinitas. Nós temos consciência de que quando estamos sobre o véu das incertezas é que tudo fica mais difícil, e quanto mais difícil é, mais fácil fica vencer e evoluir.

– Belas palavras, meu amigo! – diz Lucas.

– Como diz nossa querida Sheila... Belas palavras – diz Rodrigo.

O silêncio toma conta do ambiente. Daniel se aproxima do palco para falar:

– Meus queridos irmãos, estou muito feliz com a companhia de vocês nesta manhã tão iluminada. Hoje, todos vocês receberão de mim uma bela missão, e sinceramente acho que é uma das mais belas. Temos autorização e anuência para o resgate de alguns espíritos que sofrerão o desligamento da vida física na forma de um terremoto. Todos vocês recebem a incumbência de acompanhá-los neste momento que mais parece um momento de obstetrícia em que vocês serão os autores de um verdadeiro parto, pois é exatamente disso que se trata. Quinhentas almas passarão por um processo de renascimento para uma nova dimensão. Ressurgirão no plano espiritual e terão diante de si uma nova oportunidade de darem mais um passo em sua jornada evolutiva. Deus é bondoso e caridoso, nunca carrasco. Todos, sem exceção, têm a oportunidade de evoluir, de progredir. "Nascer, morrer, renascer ainda, progredir sempre, tal é a Lei." Essa é a lógica primordial da nossa existência enquanto seres eternos que somos.

Fomos convocados por nossa mentora espiritual a irmos a outro país auxiliar um desencarne coletivo. Como todos sabem, todo desencarne precisa ser assistido por algum desencarnado. E fomos escolhidos dentre tantas outras colônias a acompanharmos e resgatarmos essas almas. O nosso amigo Rodrigo, junto com nosso companheiro Lucas, já providenciou nos galpões da ala sul quinhentos leitos apropriados para esses irmãos, que certamente chegarão aqui muito revoltados e saudosos de seus entes queridos.

A Colônia Amor & Caridade está de portas abertas para auxiliar nossas colônias irmãs. A lista dos setecentos escolhidos que descerão, juntamente com Nina e Felipe, já está disponível com o nosso querido Marques que as afixará em local visível assim que eu terminar de instruí-los para esta missão.

Os ajustes, embora tristes para alguns, é uma forma que Ele encontrou para que a humanidade dê passos mais largos em direção à evolução. Todos nós sabemos que não há acasos nos planos espirituais e principalmente nos planos materiais. Tudo está ordenado para que a evolução seja constante e assim o é.

Muitas vezes, é por meio da separação repentina e inesperada que aqueles que ficam encarnados aprendem a superar a dor e principalmente é um instrumento muito eficaz para a aproximação do filho para com o Pai.

Deus, que tudo sabe, deixa-nos passar por essas experiências para que possamos, por meio delas, superar nossas barreiras mais íntimas, e, assim, evoluir em direção à luz. Quando o ser encarnado toma conhecimento definitivo das virtudes do seu corpo mental, ele desenvolve sua consciência plena e consegue então reunir dentro de si sentimentos elevados, que o distinguem da maioria das pessoas encarnadas. Esses atributos do corpo mental são os sentimentos de bondade, fraternidade, sensibilidade, compaixão, simplicidade, alegria, pacificação, além de outros que proporcionam ao espírito uma vivência mais plena. E eles sofrem porque, em sua maioria, aqueles que ainda não se instruíram do amor perseguem aqueles que devotadamente servem ao Pai.

Assim, nós estamos incumbidos de realizar esta tarefa, e esta é uma oportunidade evolutiva para todos nós. Desejo a todos vocês sucesso absoluto nesta missão. Saibam que estarei acompanhando de perto a todos vocês, e se precisarem de alguma coisa é só me chamar.

Agora, o que vocês acham de fazermos uma prece para a nossa querida e estimada Mentora Espiritual para que tudo transcorra da melhor forma possível?

– Faça para nós, Daniel – sugere Ernani.

Oremos...

Senhor Deus, Criador de todas as coisas, estamos neste momento nos conectando a vós por meio desta humilde prece. Pedimos a Ti que nos seja concedida a sabedoria, a compreensão e tranquilidade para que possamos auxiliar alguns irmãos que se encontrarão em agonia.

Nosso intento é somente acolher aos desesperados, e sabemos que a bondade é e sempre será o melhor instrumento de luz que possamos levar para os planos mais densos de sua criação.

Pedimos especialmente à nossa mentora espiritual que nos assista e que nos leve por caminhos onde o amor seja o piso fiel de nossos corações.

Que a paz esteja com todos.

Assim Daniel encerra a prece e todos ficam emocionados.

Todos oram, pedindo à Mentora Espiritual proteção, sabedoria e luz para que tudo corra como esperado.

Daniel retoma a palavra.

– Agora estou aberto a perguntas – diz Daniel, sentando-se em uma confortável cadeira colocada especialmente para atender a ocasião.

Marcos levanta o braço pedindo para falar, Daniel percebe e autoriza sua pergunta.

– Daniel, por que fomos incluídos nesta missão, visto que não somos parte daquele país e muito menos esses pacientes têm nossa característica de atendimento?

– Muito oportuna sua pergunta, Marcos. Deixe-me respondê-la: a América do Sul é o continente onde tudo começa a acontecer. É da América do Sul que o espiritismo sairá para o resto do mundo. Essa fusão de colônias está programada para acontecer, já desde a criação. Todos os povos se tornam únicos quando a fé e a crença na vida eterna são compreendidas em sua plenitude. Sendo assim, não existem limites territoriais para nós, espíritos. Em breve estaremos trabalhando juntos pelo Universo inteiro.

– Obrigado, Daniel – diz Marcos.

Ernani levanta o braço e pede para perguntar.

– Pois não, Ernani – diz Daniel.

– Olá, meu querido amigo, como vai?

– Vou bem Ernani, e você?

– Muito bem, Daniel, graças a Deus, eu estou ótimo.

– Eu fico muitíssimo feliz – diz Daniel.

– Daniel, ouvi comentários de que estariam desencarnando neste acidente, se assim podemos chamar, cerca de 80 a 100 mil espíritos, é isso?

– Sim, a previsão e o combinado é de 80 a 100 mil espíritos – diz Daniel.

– A pergunta é a seguinte: Por que nós resgataremos só quinhentos? Por que não trazemos mais para cá?

– Ernani, fomos incumbidos por nossa Mentora a resgatar quinhentas crianças. Não nos é permitido mais nenhum irmão. Essa pergunta eu também fiz à nossa Mentora e ela me disse que o combinado com nosso querido irmão Jesus é que o acontecimento em questão tem em si diversos propósitos, dentre eles serve de treinamento para as colônias recém-criadas. Sendo assim, nós fomos convidados a participar, para que, por meio do acontecimento, consigamos aperfeiçoar nosso trabalho e ajustarmos nossos sentimentos a tanto sofrimento e dor. Lembremo-nos de que nada se perde e que tudo tem um porquê e um para quê na criação.

– Eu compreendo que, embora seja uma tragédia para alguns, é para nós um treinamento para futuras necessidades, é isso?

– Sim, é isso. Esses resgates coletivos se darão de forma mais contínua à medida que o planeta deixa de ser de provas e passa à regeneração.

– Entendi. Obrigado, Daniel.

– De nada, querido Ernani.

Nina levanta o braço e pede a palavra.

– Pode perguntar, Nina – diz Daniel.

– Daniel, esses espíritos que iremos trazer são de crianças, não é isso?

– Sim – diz Daniel.

– Qual é a faixa etária? – pergunta Nina.

– De seis a dezesseis anos – responde Daniel.

– Nós as separaremos por setor ou trataremos delas juntas?

– Nina, elas serão tratadas juntas; primeiro, porque ficará mais fácil para elas assimilarem os acontecimentos estando juntas e falando o mesmo idioma. Imagine chegar aqui e encontrar espíritos que só falam um idioma que não é o delas. Portanto, as alas de tratamento estão interligadas por corredores curtos que foram preparados exclusivamente para receber esses irmãos.

– E como é que nós nos comunicaremos com elas, visto que não falamos espanhol?

– Nina, as crianças que vocês vão resgatar em sua maioria não falam espanhol.

– Não me venha com novidades, Daniel! – diz Nina, assustada.

– Em sua maioria essas crianças falam uma língua nativa entre elas, quíchua, aimará e outras. Mas usam com frequência o espanhol.

– Como vamos lidar com isso?

– Nós, na maioria das vezes, nos comunicamos por meio do pensamento, e esse será o grande aprendizado desses irmãos que irão chegar. Logo que eles chegarem, vocês devem exercitar neles a comunicação telepática, assim como fazermos normalmente entre nós. Na linguagem do pensamento não existe idioma, nós todos sabemos disso.

– Não será nada fácil – diz Nina.

– E pior é que não existe nada fácil aqui não é, Daniel? – diz Lucas.

– Sim, o que agora achas difícil, certamente é o que melhor terás que estudar para conseguir superar e principalmente tirar da lição o ensinamento necessário à sua evolução. É isso! – diz Daniel.

– Obrigado, Daniel, por esta oportunidade – diz Nina.

Luana levanta a mão pedindo a palavra a Daniel.

– Diga, Luana – diz o sábio dirigente.

– Querido Daniel, a forma como essas crianças chegarão aqui será torturante para todos nós. Por se tratar de crianças, as mutilações e mesmo as amputações oriundas do acidente podem retardar a evolução desses espíritos?

– Luana, minha querida, o corpo físico danificado pelos escombros do terremoto será prontamente restabelecido, pois sabemos que a misericórdia divina ativada no exato momento do acidente não permitiria que essas crianças trouxessem para a colônia resquícios do acidente. Porém, vale ressaltar que tudo depende de nós, depende de estarmos por perto quando tudo acontecer. Nós temos que ser os primeiros a chegar a eles no momento do desencarne.

– Como será dividido isso, Daniel?

– Nina vai organizar os grupos que ficaram posicionados nos principais locais do desencarne em massa. As escolas serão o nosso principal objetivo.

– Obrigada, Daniel – agradece Luana.

Daniel se levanta e chama para perto de si o amigo Rodrigo.

– Rodrigo, por favor, venha até aqui e explique a todos como será feita a parte que compete aos guardiões para que tudo se cumpra dentro da normalidade.

Rodrigo se levanta e agradece a oportunidade.

– Sim, Daniel, estou indo até aí para explicar a todos.

Rodrigo se posiciona ao lado de Daniel, que se levanta para não deixar o amigo em posição desfavorável.

– Senhoras e senhores, *buenos días*!

Nossa segurança será feita pelos nossos irmãos que trabalham nas regiões inferiores e nas fronteiras das colônias. São estes amigos que adentrarão junto conosco no país onde tudo irá acontecer. Para cada grupo de dez de nós haverá um guardião devidamente preparado para que possamos entrar e sair sem sermos percebidos e muito menos incomodados. Separaremos com Nina os grupos, e o guardião líder determinará quais companheiros teremos ao nosso lado nessa caminhada.

Logo que sairmos daqui estaremos resguardados pelos nossos amigos. Deus esteja conosco nesta honrosa missão, que nossa Mentora Espiritual seja presente e que todos aqueles que hoje temos a oportunidade de ajudar sejam elevados às esferas superiores da espiritualidade! – Rodrigo conclui.

– Muito bom, Rodrigo, parabéns! – diz Daniel, saudando o amigo.

– Obrigado, Daniel.

– Agora, que se cumpra a vontade do Pai – diz Daniel erguendo o braço direito com o punho cerrado em direção ao céu.

Todos repetem o gesto e, emocionados, começam a se abraçar.

A vontade de Deus será feita – diz Nina em seu íntimo. Logo é abraçada por Felipe, Lucas e Marques.

> Sê fiel até à morte, e dar-te-ei a coroa da vida...

Apóstolo Paulo

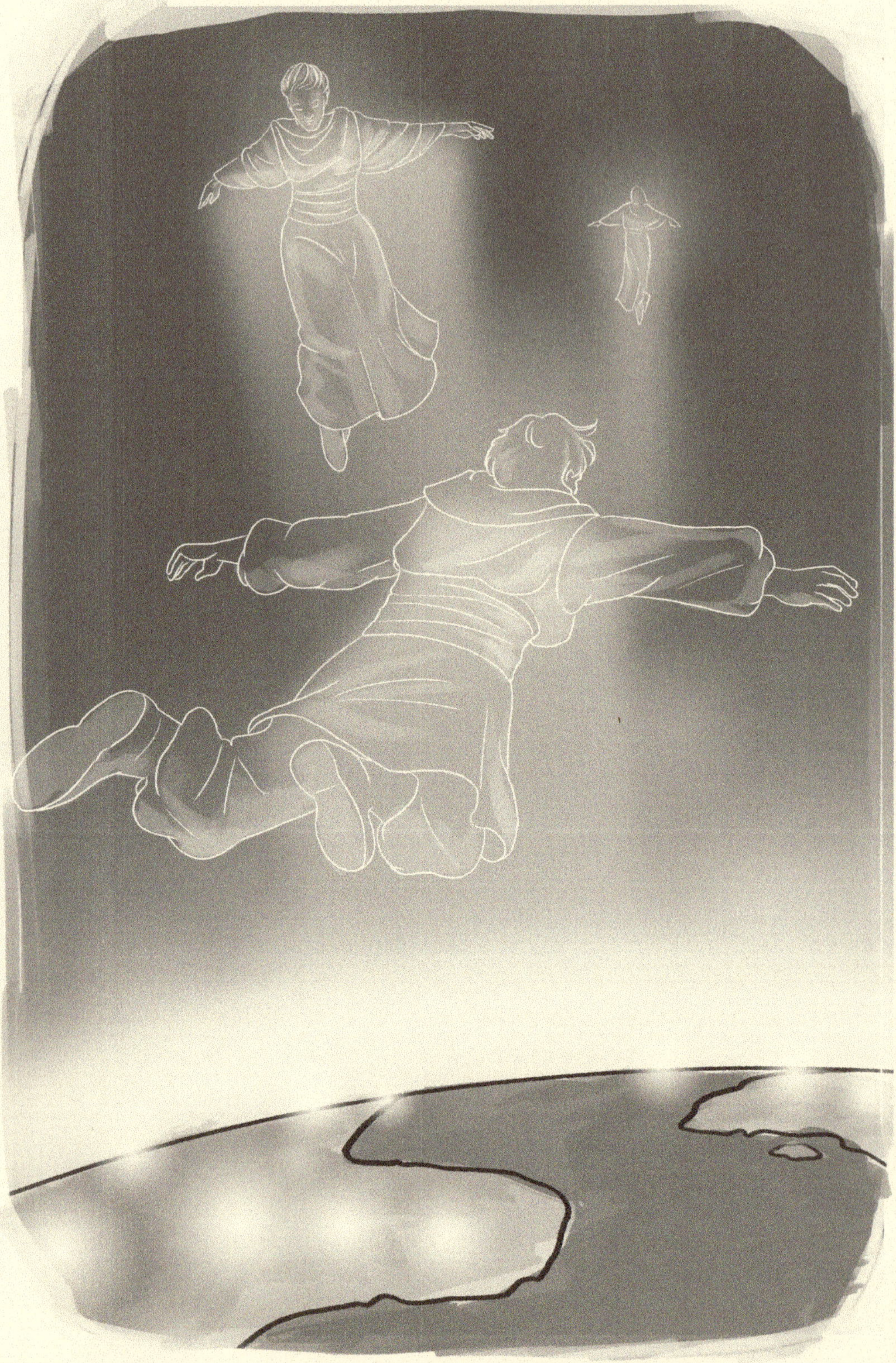

O Começo

Os grupos estão separados em número de dez, totalizando 70 grupos. À frente da caravana, na primeira fileira, seguem Nina, Felipe, Rodrigo, Lucas, Ernani, Marcos, Luana, Valéria, Porfírio e Candidiano. Este é o grupo de Nina e de Rodrigo.

Mais à frente de todos segue um índio montado em um lindo cavalo branco, seguido por diversos outros índios da mesma etnia; são eles que vão à frente de todos e guiam o grupo por uma linda estrada que desce uma colina onde se pode ver à distância a Colônia Espiritual Amor & Caridade, com seus anéis coloridos reluzentes.

– Olhe, Nina, como é linda a nossa colônia vista de longe! – diz Felipe.

– Sim, realmente ela é muito linda.

– Observe os anéis coloridos que circundam toda a colônia.

– São colírio para os meus olhos – diz Nina, emocionada.

Rodrigo se aproxima e diz:

– Estão maravilhados com a visão de nossa colônia?

– Sim, Rodrigo, realmente é muito linda nossa colônia vista daqui – diz Nina.

– Estes anéis são as energias que todos nós emanamos ao assistir nossos pacientes, sabiam? Os excedentes desses fluidos ficam a rodear nossa colônia criando uma atmosfera fluídica de luz e amor – diz Rodrigo.

– É assim que somos vistos pelos outros espíritos? – pergunta Valéria.

– Sim, Valéria, é exatamente assim que todos os outros espíritos nos enxergam.

– Nossa, que legal!

– Sim, para nós é muito bom que todos vejam a essência de nossa colônia; assim todos ficam sabendo que em Amor & Caridade o mais importante é o serviço prestado ao próximo, e o amor que colocamos naquilo que fazermos reflete em todos os cantos de nossa colônia, demonstrando a todos a nossa mais verdadeira essência. A essência do amor.

– Isso, Nina, a essência do amor – diz Lucas.

– Ainda bem que estou aqui entre vocês – diz Candidiano.

– E pensar que você, quando era encarnado como meu filho, achava que a vida na Terra era mais importante do que a vida na espiritualidade – diz Valéria.

– É, Valéria, eu era um tolo – diz o jovem rapaz.

– Agora estamos juntos com os mesmos objetivos e preparados para ajudar a humanidade a seguir em frente – diz Porfírio, aproximando-se do rapaz.

– Sim, meu querido Porfírio. Tenho muito a lhe agradecer pelas inúmeras oportunidades que você me ofertou – diz Candidiano, abraçando o amigo.

– Rapazes, olhem aonde estamos chegando – diz Luana.

O lugar é escuro e denso. Nina se aproxima de Luana para acalmá-la.

– Fique calma, Luana, teremos que passar muito próximo ao Umbral.

– Já tinha até me esquecido deste lugar – diz Luana.

– Não vamos entrar, só passaremos por perto – diz Rodrigo, tranquilizando a todos.

O índio se aproxima do grupo e pede que todos fiquem em silêncio, sendo prontamente atendido pelos espíritos missionários.

Logo o Umbral fica para trás e todos chegam ao Peru.

– Veja, Nina, é uma cidade bonita! – diz Felipe.

– Sim, tem uma energia boa – diz Nina.

– Agora vamos nos separar e nos aproximar daqueles que teremos que resgatar. Felipe, você e Rodrigo ficam comigo. Valéria, Candidiano e Porfírio assistam à família Vargas. Luana, Lucas, Marcos e Ernani assistam à família Santos. Eu, Rodrigo e o Felipe iremos assistir à família Santiago, conforme combinamos lá na Colônia – diz Nina.

– Sim Nina, vamos nos separar e nos aproximar das famílias para irmos preparando o ambiente para o desencarne – diz Valéria.

– Vou seguir para a fazenda dos Santos – diz Luana.

Todos se abraçam e se separam indo cada grupo para as residências determinadas por Daniel.

Uma cena linda é vista por todos nesta hora: milhares de gotas de luz caem sobre as casas e lares. São espíritos iluminados se aproximando de seus escolhidos para serem assistidos durante o terremoto. Nina se emociona e abraça Felipe com os olhos marejados.

– Felipe, me prometa que você não vai deixar sofrer nenhuma das crianças que iremos assistir?

– Meu amor, eu faço e farei tudo o que for possível para nunca ver seu coração em lágrimas – diz Felipe, apertando Nina em um abraço.

Rodrigo se aproxima.

– Vejam, Nina e Felipe, quão grande é a misericórdia divina; esses pobres inocentes são incapazes de perceber que daqui a alguns dias este país sofrerá um dos maiores terremotos já registrados sobre a Terra, e milhares, centenas de almas sofrerão desencarne. Mas Deus, que é amor, nos manda para cá dias antes de tudo acontecer para que nenhum de seus filhos fique desassistido na hora da morte física.

– Esse Deus é maravilhoso! – diz Nina, emocionada.

– Somos como gotas de luz no véu da escuridão da incerteza das existências – diz Felipe, emocionado.

– É isso, Felipe, o véu da escuridão, que tanto atrapalha os desencarnados.

– São cegos, presos ao egoísmo e às incertezas – diz Nina.

– Mas haverá o dia em que todos estarão juntos na mesma sintonia e na mesma vibração, e, quando este dia chegar, todos nós teremos menos trabalho e poderemos vivenciar a beleza da vida eterna.

– É verdade, Rodrigo – diz Nina abraçando, Felipe e Rodrigo ao mesmo tempo.

– Agora vamos para o lar da família Santiago – diz Nina.

Assim, Nina, Felipe e Rodrigo se dirigem para uma casa no povoado de Yungay, ao norte de Lima.

Ao chegarem à humilde residência, Nina vai ao quarto onde as crianças dormem e passa a observá-las.

Felipe se aproxima de Nina no quarto, enquanto Rodrigo permanece na sala.

– Venha, Felipe, vamos nos familiarizar com eles – diz Nina aproximando-se da mais nova das crianças que estão num total de quatro.

– Estenda suas mãos, vamos dar um passe em todas – diz Nina, encantada com a beleza natural das humildes crianças.

Sami é a pequenina de quem Nina se aproxima e começa a irradiar sobre ela intensa luz violeta.

– Ela está gripada – diz Nina olhando para Felipe.

– Posso perceber também – diz Felipe.

Nina espalha sobre a jovem, que aparenta oito anos, fluidos de cura sobre a garganta inflamada da menina.

Após dar os passes nas quatro crianças, Nina e Felipe se dirigem à sala para o encontro com o Rodrigo.

– Você não vai olhar as crianças, Rodrigo? – pergunta Nina.

– Vou sim, Nina, mas preciso esperar por Ruan, que é o pai das crianças e está chegando à casa, acompanhado de vários obsessores. Por isso estou aqui a esperá-lo. Assim que ele chegar, vou aplicar-lhe um passe de descarrego e pedir ao índio que está lá fora para levar estes obsessores para bem longe daqui.

– Imaginei que se você não entrou havia um motivo maior – diz Felipe.

– Fiquem tranquilos, embora ele vá chegar bêbado, vou providenciar para que este ambiente se torne melhor para que possamos auxiliar a todos sem maiores problemas.

– Você sempre cuidando dos mínimos detalhes, não é, Rodrigo? – diz Nina.

– Sim, Nina, para que possamos passar por isso sem nenhum problema é necessário que cuidemos das coisas em seus mínimos detalhes – diz Rodrigo, estendendo suas mãos e espalhando em todo o ambiente uma luz verde com gotículas de outro tom de verde, uma tonalidade ainda mais forte.

– Olha como isso aqui está lindo – diz Felipe.

– É verdade, Felipe – diz Nina.

Todo o ambiente se ilumina.

São aproximadamente três horas da madrugada. Logo Ruan chega bêbado e deita-se no pequeno sofá que há na minúscula sala, onde imediatamente Rodrigo e Felipe passam a assistir o recém-chegado.

Os obsessores foram impedidos pelo índio e seu auxiliar, que os retiveram na entrada da humilde residência, de se aproximarem dos iluminados.

Ruan dorme.

– Nina, posso lhe perguntar uma coisa? – diz Felipe.

– Sim, Felipe, pergunte.

– Quantos dias faltam para o terremoto? Por acaso você sabe?

– Faltam três dias.

– O que nós faremos durante esses dias?

– Vamos observar as famílias e nos familiarizarmos a elas – diz Nina.

– Sabe, Nina, tenho a sensação de que já conheço Ruan de outras vidas.

Rodrigo está próximo aos dois e ouve a conversa calado.

– Por que você diz isso? – pergunta Nina.

– Sabe aquelas coisas que o Daniel nos explicou de que só guardamos em nossas lembranças as coisas boas das encarnações?

– Sim, sei disso – diz Nina.

– Então, estive pensando muito sobre isso.

– Que bom! – diz Nina.

– É, Nina, realmente Daniel foi muito feliz quando nos passou esse ensinamento; sabemos que se fôssemos guardar todas as lembranças de todas as nossas vidas haveríamos de ter um enorme arquivo dentro de nós.

– Isso é verdade, Daniel nos ensinou que guardamos em nosso íntimo as coisas mais importantes de nossas encarnações; ele nos ensinou que as tragédias, os acidentes, as perdas, as doenças, as separações, as dores, os tormentos, as mutilações, enfim, tudo o que nos fez sofrer em nossas encarnações passadas é apagado de nossas lembranças.

– Justiça divina – diz Rodrigo se levantando.

– Isso mesmo, Rodrigo, justiça divina.

– Para que guardar mágoas, perdas, sentimentos que não nos auxiliaram a evoluir? Para que lembrarmo-nos das enfermidades?

– É isso mesmo, Rodrigo, justiça divina – diz Nina.

– Mas Daniel também nos ensinou que quando nos aproximamos de alguém e reagimos com algum tipo de sentimento é porque essa pessoa está para entrar em nossas experiências ou é porque já vivemos com ela algum tipo de experiência.

– Sim, e isso é verdade – diz Rodrigo.

– Pois bem, tenho certeza de que já tive algum tipo de convivência ou relacionamento com o Ruan. Fico aqui olhando para esse corpo bêbado e sinto que já o conheço.

– Olha, Felipe, o Daniel não me falou que você teria algum tipo de experiência nesta missão; mas como sabes, não existem acasos nas coisas de Deus, e se estamos aqui e você está sentindo alguma coisa é porque alguma coisa tem a ver com você mesmo – diz Nina.

– Você não sabe de nada, Rodrigo?

– Não. Daniel não me falou nada sobre esse Ruan.

– Meu Deus, então por que estou sentindo isso?

– O que você está sentindo? – pergunta Nina.

– Sei lá, um mal-estar, uma angústia; na verdade, uma vontade de voar no pescoço dele e socar sua cara.

– Que é isso, Felipe! Isso não é sentimento que lhe pertence – diz Nina, assustada.

– Você me perguntou e estou lhe respondendo, é isso que sinto.

– Fique tranquila, Nina, o Felipe jamais faria isso a alguém – diz Rodrigo.

– Pois bem, sei que ele não faria isso – diz Nina, aliviada.

– Agora podemos ir ao quarto, quero dar outro passe em todas as crianças, quero conhecê-las melhor – diz Nina.

– Vamos sim – diz Felipe.

– É, Felipe, afastar-se de Ruan pode lhe fazer bem – brinca Rodrigo.

– Agora vamos – diz Nina puxando Rodrigo e Felipe pelas mãos.

> *Ele tomou sobre si as nossas enfermidades*
> *e levou as nossas doenças.*
>
> *Mateus, 8:17*

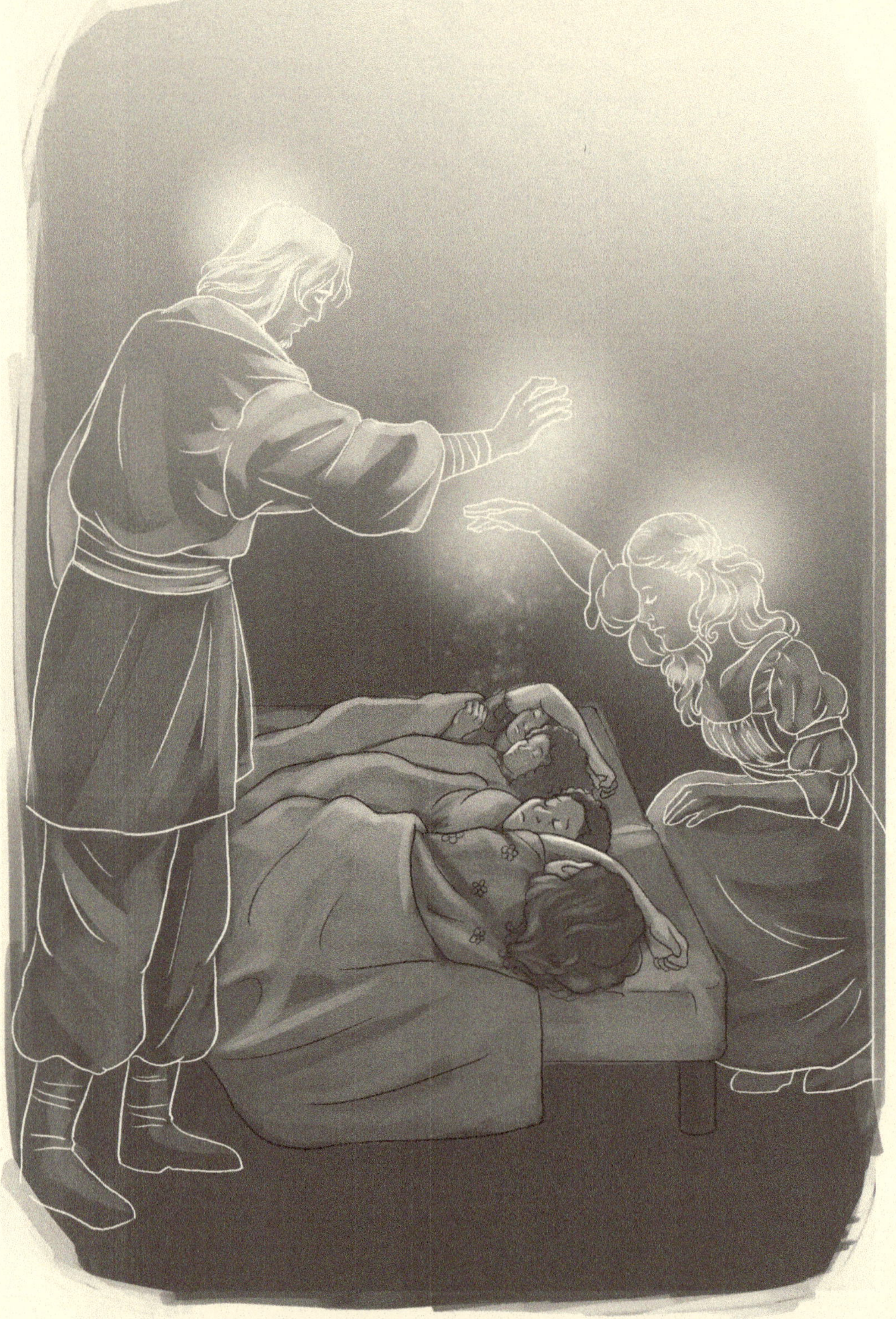

O Passe

Nina e Felipe entram no quarto onde as crianças dormem amontoadas em uma mesma cama. Em uma cama de solteiro ao lado dorme Yolanda, a mãe das quatro crianças e esposa de Ruan.

– Venha, Felipe, estenda suas mãos – diz Nina.

– Nina, algo muito ruim está acontecendo comigo, não sei explicar, parece que tenho um corpo físico, não estou me sentindo bem.

– Sente-se aqui – diz Nina auxiliando Felipe a sentar-se em uma pequena cadeira colocada no canto do quarto.

– Rodrigo – diz Nina.

– Sim, Nina.

– Você pode vir aqui?

– Sim, estou indo.

Rodrigo chega rapidamente ao pequeno cômodo.

– Olhe, o Felipe não está se sentindo bem.

– O que houve, Felipe? – pergunta Rodrigo.

– Estou tendo a mesma sensação que tive na sala quando me aproximei do Ruan.

– Será que essa família tem alguma relação de vidas passadas com você, Felipe? – diz Nina.

– Não sei, não consigo me lembrar de nada, já falei isso.

– Venha, Felipe, vamos sair daqui – diz Rodrigo, auxiliando-o a se levantar.

Nina acompanha Felipe e Rodrigo para fora da casa.

No pequeno quintal há um banco de madeira e um pequeno balanço feito por Ruan para as crianças brincarem. Nina se senta no balanço e começa a balançar-se. Rodrigo senta-se ao lado de Felipe, que já se mostra bem melhor.

– Puxa Nina, você não pode ver um balanço, hein! – diz Felipe.

– Felipe, não fica aí dando uma de encarnado, pois você já não tem corpo físico há bastante tempo. Fica aí passando mal, eu realmente não sei o que fazer.

– Você poderia pelo menos ter ficado ao meu lado.

– Você está bem acompanhado com o Rodrigo – diz Nina.

– Melhorou, Felipe? – pergunta Rodrigo.

– Sim, não sinto mais nada.

– Você, provavelmente, tem alguma relação com esta família – diz Nina.

– Eu realmente não sei, Daniel não falou nada – diz Felipe.

Nina fica balançando como uma linda criança quando vê um brinquedo novo.

O índio se aproxima do grupo.

– Olá, amigos! – diz o índio.

– Olá amigo, índio! – diz Nina.

– Posso saber o que vocês fazem aqui fora? – diz o índio.

– O Felipe não está se sentindo bem lá dentro, parece-nos que há alguma coisa que o incomoda – diz Nina.

– E vocês, iluminados que são, não sabem o que está acontecendo? – diz o índio.

– Não, normalmente esses sentimentos afloram quando reencontramos alguém que tenha vivido alguma experiência negativa conosco em vidas passadas, e pela lei de causa e efeito isso já deveria ter sido resolvido, mas sobram ainda alguns resquícios de sentimentos que só afloram quando nos aproximamos desses que em algum momento de nossas vidas foram importantes para nós, mas que não sabemos por que estão esquecidos. Quando estamos encarnados sentimos a mesma coisa. Há pessoas que nos causam um furor dentro do peito só de nos aproximarmos delas. Porém, há outras que não podemos nem chegar perto.

– É verdade – diz Nina.

– Eu sei responder a você, Felipe, o que você está sentindo – diz o índio.

– Nossa! Você, índio?!

– Sim, eu mesmo – insiste o índio.

– Então conte-nos – diz Nina.

– Acho melhor vocês se sentarem, porque é uma longa história – diz o índio, convidando com um gesto, Rodrigo e Felipe a se sentarem no banco de madeira colocado à frente do balanço.

– Sente-se, Felipe – diz Rodrigo.

– Senta logo, Felipe – insiste Nina.

Felipe se senta e todos ficam a esperar pela história que o índio promete contar.

O índio começa a contar.

– Há muito tempo, você, Felipe, esteve viajando pela América do Sul, mais precisamente na Venezuela, e passou também pela Colômbia. Naquela época você era um cavaleiro viajante, um mercador. Você veio da Nigéria num navio de escravos. Você negociava escravos. Você tinha um acordo com o comandante do navio e alguns desses escravos não eram contabilizados pelo dono do navio. Você fazia negócios à parte do oficial. As coisas iam muito bem até que você encontrou nas matas de Angola um casal que tinha cinco pequenos filhos. Eles viviam em uma pequena aldeia e mal tinham o que comer e dar de comer a seus filhos.

– Índio, por favor, se for alguma coisa terrível eu nem quero ouvir – diz Nina, assustada.

– Fique calma, Nina – diz o índio.

– Prossiga, amigo – diz Felipe.

– Você raptou o pai e a mãe dessas crianças, deixando-as órfãs e ao deus-dará. Você os comercializou na Venezuela e depois eles foram levados para o Brasil.

– Mas eles ficaram bem? – perguntou Felipe, assustado.

– Sim, na verdade você foi o instrumento usado pela espiritualidade maior, para dar a esses espíritos a oportunidade evolutiva que eles precisavam.

– Entendi – diz Felipe.

– Que bom, não é, Felipe, que você não foi o algoz dessas pessoas! – diz Nina.

– Mas onde você quer chegar me contando esta história, índio? – pergunta o curioso Felipe.

– Será que Ruan e Yolanda são os espíritos que o Felipe raptou e vendeu como escravos? – pergunta Nina.

– Não, Nina, o Ruan e sua esposa não têm nada a ver com essa história.

– Não estou entendendo mais nada – diz Felipe.

– O problema não é com Ruan e sua esposa. O problema foram as cinco crianças que você deixou órfãs e que morreram de fome, sede e frio.

– Meu Deus, eu fiz isso?! – diz Felipe, se apavorando.

– Sim, Felipe, você fez isso. Mesmo sem intenção, você fez muito mal àquelas crianças.

– Entendi – diz Nina.

– O que você entendeu, Nina? – pergunta Rodrigo.

– Deus concedeu a Felipe agora a oportunidade de obter a sua redenção espiritual por aquele ato, embora não intencional, ter acontecido.

– É isso mesmo, Nina. Por isso o Felipe passa mal ao se aproximar das crianças. Ele agora terá a oportunidade de consertar um erro antigo – diz o índio. Aliás, um não, quatro erros.

– Deus, como Tu és misericordioso! E me permitistes essa misericórdia. Obrigado, Senhor – diz Felipe se ajoelhando ao chão naquele momento.

– Linda história, amigo índio – diz Rodrigo.

– Daniel me pediu para contar isso a vocês no momento oportuno.

– Esse Daniel... – diz Rodrigo.

Nina pula do balanço, corre e abraça Felipe. Os dois ficam ajoelhados agradecendo a Deus a oportunidade de resgate.

– Saibam que o tempo é muito relativo para Deus. Sempre haverá uma porta aberta para a redenção quando todas as outras estiverem fechadas – diz Rodrigo.

– Isso mesmo, assim são as coisas de Deus – diz o índio.

– Agora a melhor coisa a fazer é ir lá dentro e dar o passe em todas as crianças – diz Rodrigo, auxiliando Nina e Felipe a se levantarem.

– Venha, Felipe, vamos cumprir nossa missão.

– Eu vou, Nina, mas nunca esquecerei este dia.

– Lembre-se que ainda falta uma criança – diz o índio.

– E como saberei do resgate desta dívida? – pergunta Felipe.

– Essa você já resgatou. Ou você acha que trabalha com crianças lá na colônia por acaso? – diz o sábio índio, sorrindo.

– Obrigado, amigo, pelas informações – diz Felipe, emocionado.

– Agradeça ao Daniel – diz o índio.

– Agora vamos assistir às crianças – diz Nina.

Seguindo a passos lentos, Nina e Felipe entram no quarto onde as crianças dormem profundamente.

Nina é a primeira a estender as mãos e começar a derramar sobre aquelas pobres crianças os fluidos da paz, da serenidade e da saúde.

Felipe, emocionado e sentindo-se bem, estende as mãos e acompanha a sua amada Nina no gesto de amor e redenção.

Rodrigo e o índio assistem a tudo, emocionados.

> "Deixai vir a mim as crianças, não as impeças, pois o Reino dos céus pertence aos que se tornam semelhantes a elas."
>
> *Mateus 19:14*

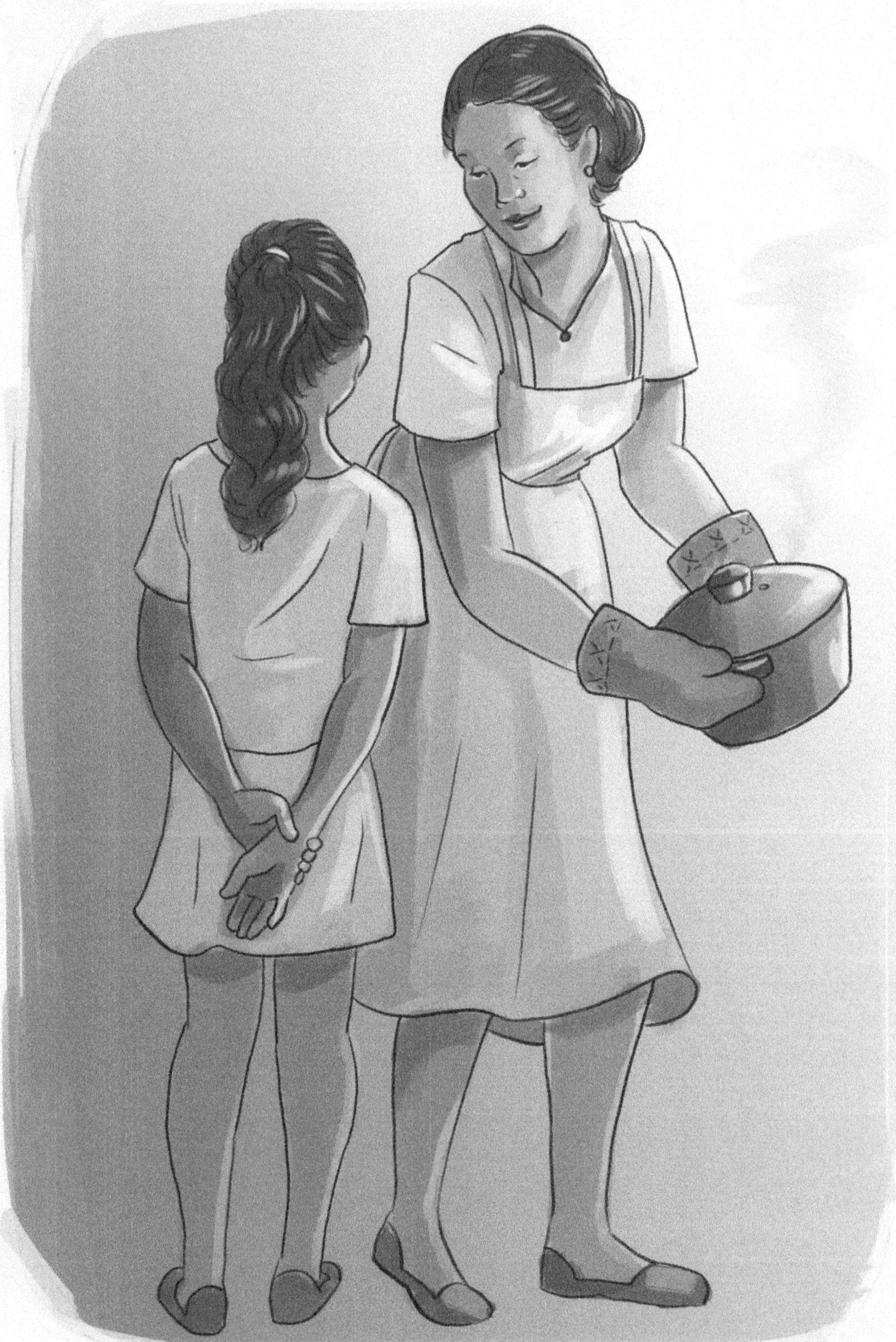

A Família

Maio 1970.

– Bom-dia, mamãe!

– Bom-dia, meu amorzinho, acordou cedo hoje.

– Tive um sonho muito esquisito.

– Me conte.

– Sonhei com uma moça muito bonita.

– Só isso?

– Sonhei que ela estava em nosso quarto e era muito bonita. Estava acompanhada de um rapaz, também muito bonito.

– E o que eles queriam com você?

– Na verdade, eles não falaram nada, apenas iluminavam o nosso quarto e todo mundo ficou verde.

– Olha que legal! – diz Yolanda.

– A moça que estava perto de mim estendia as mãos em minha direção e sorria para nós com seus lindos dentes brancos – diz Maria.

– E ela fez mais alguma coisa?

– Não, ela apenas derramava aquela luz verde sobre todos nós, e estranhamente eu sentia uma paz enorme dentro do meu peito.

– E o que é que tem de esquisito nesse seu sonho?

– É que de repente tudo começou a cair sobre nós. A casa inteira caía sobre nós.

– Nossa! Então o que era lindo acabou virando um pesadelo?

– Não virou pesadelo, porque essa moça nos cobria com uma espécie de coberta bem grande e nada conseguia machucar a gente.

– Entendi, era uma espécie de proteção! – diz Yolanda, preocupada.

– Isso, mamãe, era uma proteção, e tudo caía; mas nós estávamos protegidos por ela, que sorria e nos pedia para ficarmos calmos.

– Nossa, que sonho bonito você teve, Maria!

– Sim, no final nós voltamos a dormir.

– Você tem rezado antes de dormir?

– Todas as noites, minha querida mãe. Eu rezo por meus irmãos e por toda a nossa família.

– Que bom, fico muito feliz que você esteja orando por nós.

– Mamãe, eu posso lhe perguntar uma coisa?

– Sim, Maria.

– Você e o papai estão juntos há muito tempo?

– Sim, nós estamos casados há mais ou menos treze anos.

– Desde que eu nasci, então?

– Sim, logo que nos casamos você nasceu.

– Você é feliz com o papai?

– Por que você quer saber isso? – pergunta Yolanda.

– Eu sei que ainda sou uma menina e não tenho o direito de me meter nesses assuntos, mas lá na escola a professora está nos ensinando o quanto é importante a felicidade da família, e eu não vejo você e o papai sorrindo juntos. E isso me deixou encucada, por isso lhe perguntei.

– Minha filha, seu pai é um homem muito ocupado. Trabalha muito para que tenhamos o alimento de toda a família.

– É por isso mesmo que estou lhe perguntando se você é feliz em seu casamento com o papai.

– Você é uma menina muito esperta para a sua idade – diz Yolanda, sorrindo.

– Desculpe-me, mamãe.

– Não precisa se desculpar. Agora vá acordar seus irmãos, porque está na hora da escola. Ajude seu irmão a arrumar os menores.

– *Tá* bom, mamãe – diz Maria dando um pulo da cadeira em que estava sentada.

Após algum tempo...

– Venham, crianças, tomem o café e andem rápido – diz Yolanda, apressando os filhos.

– Maria, você colocou as cadernetas nas bolsas?

– Sim, mamãe, eu coloquei as cadernetas e os cadernos de todos dentro das bolsas.

– Obrigada, filha.

– Agora vá e não se esqueça de agradecer a Teolinda pelas palavras que ela escreveu para mim na caderneta de sua irmã.

– Pode deixar, mamãe, eu falo com ela.

– Venham me beijar – diz Yolanda, abaixando-se para receber o abraço dos três filhos menores.

– Prestem atenção à aula – diz Yolanda abraçando as crianças.

– Mamãe, sinto algo muito estranho dentro do meu peito – diz Maria, abraçando Yolanda.

– O que você está sentindo, meu doce?

– Não sei – diz a menina.

Yolanda coloca a mão sobre a testa da menina como se medindo sua temperatura.

– Com febre você não está – diz Yolanda.

– Mamãe, não é nada por fora, o que estou sentindo é aqui dentro – diz Maria, colocando a mão sobre o coração.

– Você está sentindo dor?

– Não, mãe. Estou sentindo é uma enorme angústia. Um nó aqui, dentro de meu peito. Não sei explicar direito.

– Querida, deixe de bobagem, deve ser o sonho que você teve esta noite – diz Yolanda.

Nesse momento Nina se aproxima de Maria e estende as mãos sobre a menina, que se sente aliviada imediatamente.

– Posso lhe abraçar de novo, mamãe?

– Sim, claro, meu anjo!

Yolanda estende os braços e abraça carinhosamente Maria. Nesse momento, Yolanda sente em seu peito uma angústia, uma enorme vontade de chorar.

Nina se aproxima e estende suas mãos sobre Yolanda, que se sente mais aliviada.

Yolanda permanece na porta principal da humilde casa observando as crianças saltitantes indo em direção à escola, que fica bem perto da casa deles.

O índio permanece no local, assegurando a tranquilidade de Yolanda. Nina e Felipe acompanham as crianças até a escola.

Rodrigo está reunido com uns espíritos locais, pois só ele consegue se comunicar no idioma local.

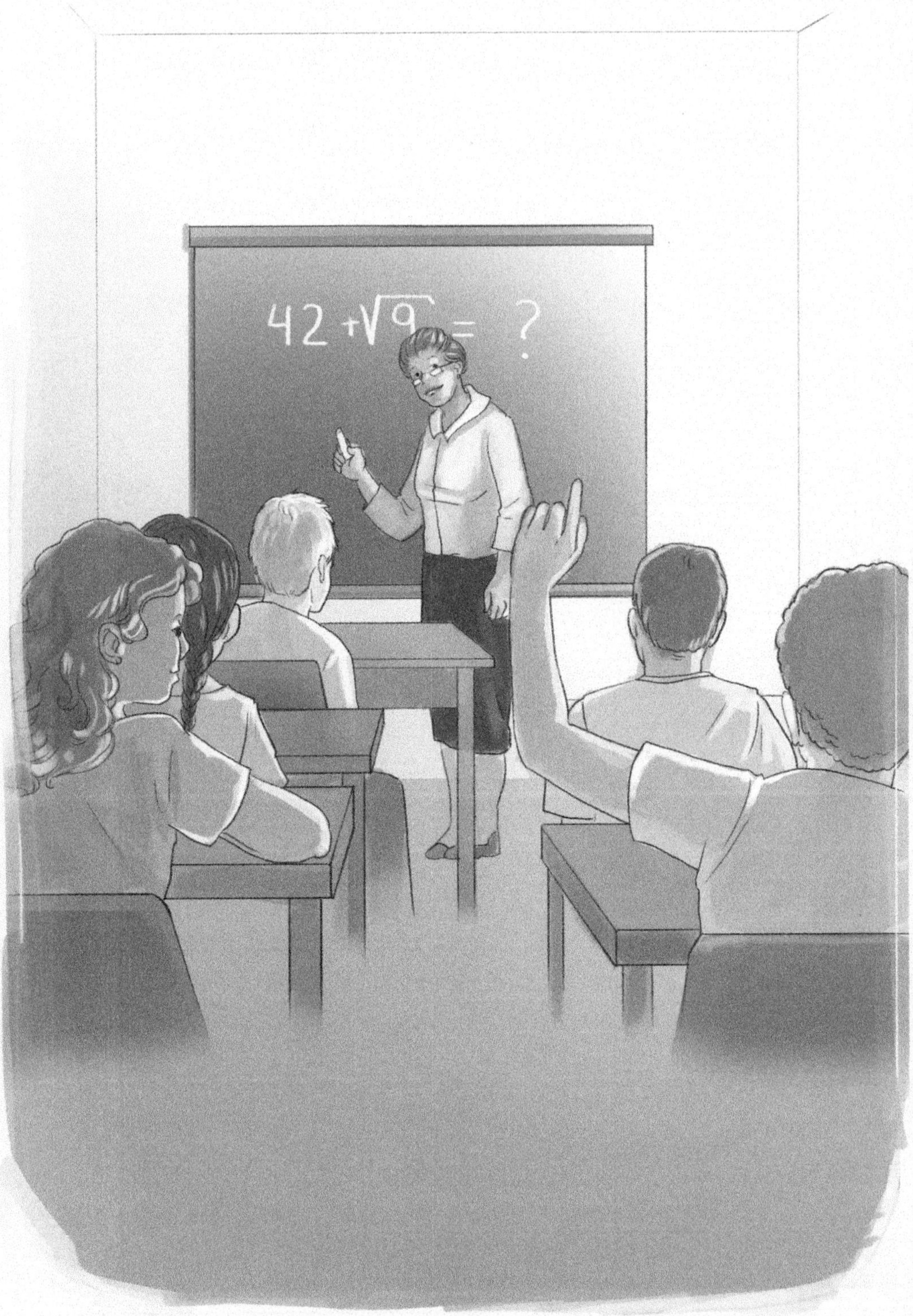
42 +√9 = ?

A Escola

Sami, a irmã mais nova de Maria, procura por ela na hora do recreio.

– Maria, eu não estou me sentindo bem. – diz Sami.

– O que você está sentindo, Sami?

– Não sei, estou com muita vontade de chorar – diz a menina.

– Deixemos de bobagem, daqui a pouco nós iremos para casa, daí você conversa com a mamãe.

– Está bem – diz Sami, que sai saltitante em direção aos brinquedos da escola.

Nina e Felipe estão sentados ao lado de Maria esperando pela hora do resgate.

– Veja, Felipe, pobres almas, mal sabem que estão a pouco tempo de seu desencarne.

– Pobres por que, Nina?

– Os desencarnes coletivos são sempre traumáticos; quando se trata de crianças então, aí a coisa fica pior.

– Nina, se todos compreendessem que o desencarne é, na verdade, uma vitória do espírito, tudo ficaria mais fácil.

– Nisso eu concordo. Acho mesmo que a humanidade está precisando de uma certeza maior sobre a existência da vida após a morte.

– Ele sabe o momento certo para tudo – diz Felipe olhando para o céu.

– Sim, sabemos disso, mas que seria útil para todos, isso seria.

– Nina, já passaram pela Terra centenas de espíritos iluminados que tiveram a missão de encarnar e direcionar a humanidade. Todos sabem que só há um caminho. Portanto, não adianta ficar mandando mensageiros todos os dias. Imaginem se todo dia descesse à Terra um espírito enviado dEle para ficar dando informações sobre a existência da vida eterna! Que função nós teríamos? Que seria das casas espíritas que pregam o evangelho de Cristo todos os dias? Que seria de nós, que relatamos essas experiências por meio da psicografia para que tantos sejam orientados a seguirem em busca de sua evolução pessoal?

– É verdade, Felipe, não tinha pensado assim – diz Nina.

– Imagine que estas informações que estamos passando agora sobre o desencarne coletivo, os terremotos, os *tsunamis*, enfim, os acidentes que todos sabemos, foram orquestrados mesmo antes destes irmãos estarem encarnados. Imagine se não pudéssemos revelar por meio dos livros. O que seria da humanidade?

– Uma coisa eu sei, o conta-gotas dEle não para de funcionar.

– Sim, Nina, no estágio atual da humanidade as informações têm que chegar como conta-gotas para que todos possam assimilar e desfrutar dos ensinamentos mais sublimes da espiritualidade.

– Disso eu já sabia, porque à medida que os povos vão adquirindo cultura, mais informações são trazidas ao plano físico.

– Então a evolução plena é questão de tempo?

– Sim, haverá um tempo em que a humanidade estará evoluída, e quando isso acontecer, não haverá mais dores, dissabores, desamores, enfim não haverá diferenças – diz Felipe.

– Parece um sonho – diz Nina.

– Alguns vão até achar que é um sonho, mas muitos compreenderão essas palavras.

– Estou muito orgulhosa de você, Felipe.

– Obrigado, Nina – diz o rapaz.

– E pensar que tive o dissabor de vê-lo no umbral.

– Sim, Nina, foram tempos difíceis aqueles.

– Lembro-me como se fosse hoje, chegamos ao Umbral para buscar Soraya e encontrei você sentado ao lado dela tentando auxiliá-la.

– Foi na missão de Cinco Dias no Umbral, não foi?

– Sim, foi quando lhe reencontrei após tantos anos de separação. Agora vendo você falar desse jeito, sinto-me orgulhosa e feliz por ter você ao meu lado pela eternidade.

– Eu é que lhe agradeço por suas preces, que possibilitaram que eu saísse daquela situação.

Nina se aproxima de Felipe e o abraça intensamente.

– Olhe, Maria está voltando para a sala, vamos ficar bem perto deles agora, falta pouco tempo para o terremoto – diz Felipe.

– Onde anda o Rodrigo?

– Ele estava conversando com os guardiões deste lugar.

– Vamos ter que nos separar – diz Nina.

– Por que, Nina?

– Eu vou ficar com a Maria, você fica com os meninos e o Rodrigo fica com Sami, que é a menor de todos.

– Está bem, então eu vou para a sala dos meninos. Chame o Rodrigo – diz Felipe.

– Vou chamá-lo – diz Nina.

Nina se concentra e chama por Rodrigo em seus pensamentos.

Após algum tempo...

– Que bom que você chegou, Rodrigo; eu estava preocupada.

– Fique tranquila, Nina, tudo vai dar certo – diz Rodrigo.

– Onde você estava?

– Eu estava negociando nossa saída com os guardiões deste lugar.

– Mas o índio não vai cuidar disso?

– Não, o índio vai cuidar de levar Yolanda.

– Ela vai para o Umbral?

– Sim – diz Rodrigo.

– Meu Deus! Por que, Rodrigo? – pergunta Nina.

– Ela vai descansar por lá enquanto preparamos o encontro entre ela e as crianças; claro, se isso nos for permitido.

– Mas por que no Umbral?

– Ela precisa depurar-se de muita coisa ruim que fez na encarnação passada. E, além disso, ela precisa encontrar-se com Ruan, que estará precisando muito de luz.

– Então é pelo Ruan que ela vai permanecer no Umbral?

– Não, Nina, ela precisa depurar-se, já lhe falei isso – diz Rodrigo.

– Desculpe-me, Rodrigo. É que as crianças vão sofrer muito sem o contato da mãe – diz Nina.

– Eu sei, Nina, mas quem decide sobre isso não somos nós; quem decide sobre o futuro é quem dele faz mal uso. Todos nós sabemos que aquilo que se faz na vida, tem que ser reparado.

– Sim, eu sei, perdoe-me, Rodrigo.

– Não tenho que lhe perdoar – diz Rodrigo abraçando Nina.

– Vamos ficar perto das crianças, faltam poucos minutos para o terremoto.

> *Valoriza os amigos. Respeita os adversários.*

Emmanuel

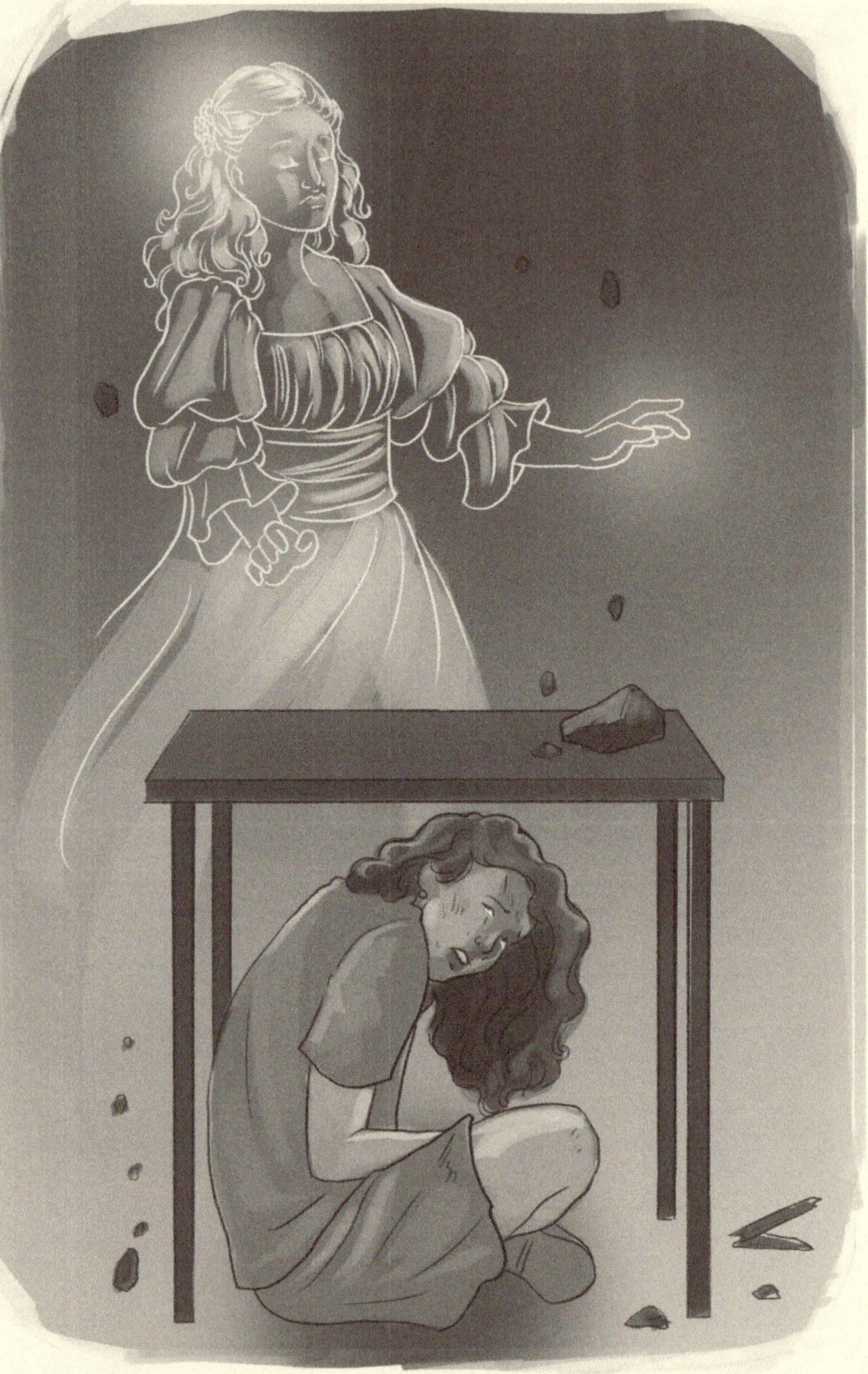

O Terremoto

O chão começa a tremer, as paredes cedem como folhas de papel soltas ao vento. Tudo vai ao chão em poucos segundos. Uma avalanche de gelo e barro enterram a escola e todos aqueles que estavam dentro dela. O desespero é total. Pessoas tentam se salvar, deixando para trás crianças indefesas, que são assistidas neste momento somente pela falange de espíritos enviados exclusivamente para atender a todos.

Nina aproxima-se de Maria, que tem seu pequeno corpo coberto por barro e gelo, e imediatamente após a tragédia coloca a menina em sono profundo.

Nada sobrou do pequeno bairro ao norte da capital peruana. Cerca de 50 mil pessoas morreram nesse dia. Milhares de espíritos estão assistindo aos desencarnes. Outros tantos milhares ficam tentando retirar seus corpos mortos na avalanche sem terem conhecimento de que a morte chegou para as suas vidas.

O desespero é grande. Espíritos de luz se misturam a espíritos trevais, que levam consigo milhares para o Umbral. A movimentação é grande.

Nina procura por Felipe em meio à multidão alvoroçada. Ela encontra Rodrigo, que está à sua procura.

– Rodrigo, que bom que eu lhe encontrei, você viu o Felipe?

– Sim, ele está com os dois meninos na maca.

– E você sabe onde está Maria? – pergunta Rodrigo.

– Já a coloquei na maca, ela já está indo para nossa colônia, com a equipe de resgate.

– Bom, então podemos voltar para a colônia – diz Rodrigo.

– Onde está Sami?

– Que Sami? – pergunta Rodrigo.

– A irmã de Maria que você deveria resgatar?

– Nossa, ela estava aqui agora mesmo. Onde essa menina se meteu? – diz Rodrigo.

– Nós combinamos isso – diz Nina.

– Calma, Nina, eu vou encontrá-la – diz Rodrigo, assustado.

– Mas o que houve, Rodrigo?

– Eu estava cumprindo uma de minhas missões aqui. Fui incumbido de dialogar com os guardiões desse lugar, pois como vocês sabem, sou o único que fala o idioma deles. E são centenas transitando a meu lado.

– Meu Deus, onde está Sami? – diz Nina.

– Vamos procurá-la – diz Rodrigo, preocupado.

– Venha, vamos – diz Nina segurando na mão direita do amigo.

Nina e Rodrigo voltam ao local onde era a sala de aula de Sami e não encontram mais nenhum espírito por lá, todos foram resgatados e levados.

– E agora, Rodrigo, como vou resolver essa questão?

– Perdoe-me, Nina. Eu me distraí, tomando conta de vocês.

– Eu sei, amigo, isso é de minha responsabilidade. A culpa é minha – diz Nina, desolada.

– E agora, onde será que essa menina se meteu?! – diz Rodrigo.

– Vamos até a casa dela, ela deve estar muito assustada e provavelmente esse é o primeiro lugar que ela vai buscar ajuda.

– Sim, vamos até lá – diz Nina.

Rodrigo e Nina se dirigem à casa onde Sami morava com seus irmãos. A casa está soterrada, mas eles conseguem chegar até a sala, onde o índio está tranquilizando Yolanda.

– Que bom que vocês chegaram! – diz o índio.

– Quer ajuda, amigo? – diz Nina.

– Sim, Nina, por favor. Ela está relutando em dormir – diz o índio.

Nina se aproxima de Yolanda, que delira chamando pelos filhos. Nina impõe as mãos sobre a fronte de Yolanda, que imediatamente entra em sono profundo.

– Obrigado, Nina – diz o índio.

– De nada, meu amigo. Por acaso você viu alguma das crianças, filhas da Yolanda, por aqui?

– Não – diz o índio.

– Faça a pergunta com mais objetividade, Nina – diz Rodrigo.

– A menina de nome Sami está desaparecida – diz Nina ao índio.

– Aqui ninguém veio.

– E agora, onde se meteu essa menina?

– Vamos voltar à escola – diz Rodrigo.

– Quer mais alguma ajuda aí, índio?

– Não, Nina, obrigado. Agora vou entregá-la para o pessoal do resgate.

– Então estamos indo, vamos voltar à escola para ver se achamos a menina – diz Nina.

– Se ela aparecer por aqui eu a levo até vocês, pode deixar – diz o índio.

– Vamos, Nina – diz Rodrigo.

Nina e Rodrigo voltam à escola, há poucos espíritos agora no ambiente. Alguns poucos espíritos moribundos se aproveitam das energias que ainda exalam dos corpos mortos soterrados pela tragédia. Esses espíritos vivem vagando pelas tragédias em busca do fluido vital que todos os encarnados têm em seus corpos físicos. É este o fluido que mantém os seres encarnados.

– E agora, Rodrigo?

– Vamos voltar para a colônia – diz Rodrigo.

– Não posso voltar sem a menina – diz Nina, se sentando.

Rodrigo senta-se ao lado dela.

– Onde será que essa menina se meteu? – diz Nina.

– Nina, quando chegarmos à colônia, nós podemos pedir a Daniel para nos auxiliar a achar a menina – diz Rodrigo.

– É, eu sei que Daniel pode nos ajudar, aliás, ele é o único que sabe exatamente onde essa menina se meteu.

– Então vamos perguntar a ele – sugere Rodrigo.

– O problema é se ele achar que eu falhei, esse é que é o problema – diz Nina.

– Daniel jamais vai pensar isso de você, Nina – diz Rodrigo.

– É verdade, eu aqui com a minha vaidade. Todos podem errar – diz Nina.

– Isso mesmo, Nina, pense assim, todos nós podemos errar.

– Você sabe do Felipe?

– Ele já voltou para a colônia acompanhando os meninos – diz Rodrigo.

– Então vamos voltar e perguntar a Daniel por Sami – diz Nina, decidida.

– Venha, Nina – diz o índio, passando ao lado deles.

– Vamos – diz Rodrigo.

Após longa viagem de retorno, todos chegam à colônia.

> *Agradeço todas as dificuldades que enfrentei; se não fosse por elas, eu não teria saído do lugar. As facilidades nos impedem de caminhar. Mesmo as críticas nos auxiliam muito.*

Chico Xavier

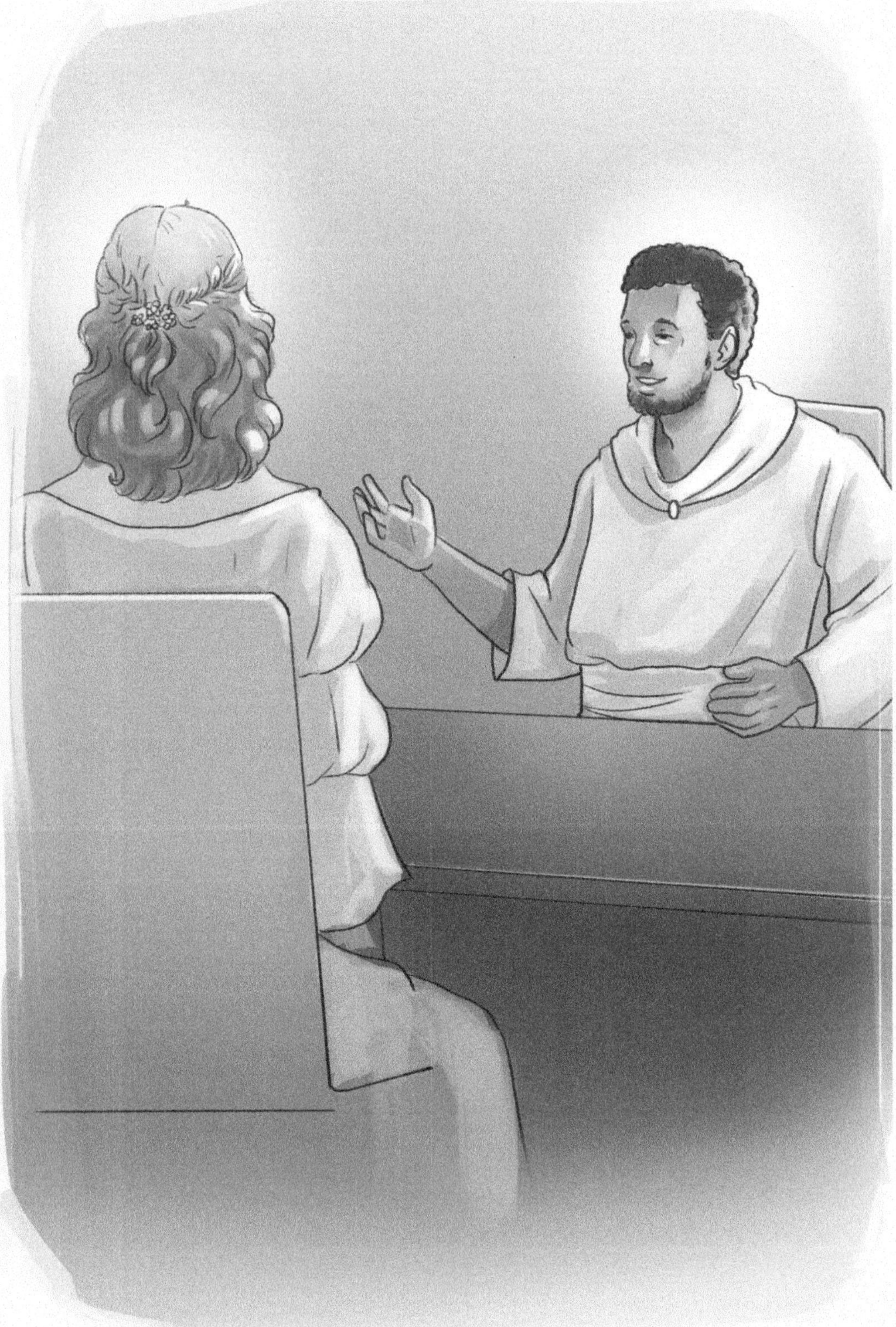

À procura de Sami

Nina e Felipe vão até a sala de Daniel para tratarem do resgate de Sami.

– Olá, Marques!

– Oi, Nina!

– O Daniel está?

– Sim.

– Podemos falar com ele?

– Claro que sim, esperem que vou anunciá-los – diz Marques, levantando-se e se dirigindo à porta de entrada do gabinete de Daniel.

Nina e Felipe se sentam em um confortável banco da recepção na antessala.

Após alguns minutos...

Marques aparece na porta e a mantém aberta, segurando-a com a mão direita, e convida Nina e Felipe a entrarem.

– Entrem, Daniel está lhes esperando – diz o gentil amigo.

– Obrigada, Marques – diz Nina.

– Obrigado, amigo – diz Felipe.

– Olá Daniel, como está? – diz Nina.

Daniel se levanta e indica com a mão esquerda para que Nina e Felipe se sentem em duas cadeiras colocadas à frente do iluminado presidente da Colônia Amor & Caridade.

– Obrigada, Daniel – diz Nina, apertando-lhe a mão e sentando-se à sua frente.

– Sente-se, Felipe, sejam bem-vindos! – diz Daniel, gentilmente.

– Obrigado, Daniel – diz Felipe, ajeitando-se na confortável cadeira de cor branca.

– A que devo a honra da visita?

– Estou envergonhada, Daniel – diz Nina.

– Mas o que houve?

– Seguindo sua orientação, estivemos na missão de resgate dos quinhentos irmãos no terremoto do Peru.

– Sim – diz Daniel.

– Você ainda não sabe? – pergunta Felipe.

– Não sei de quê? – pergunta Daniel.

– Você não sabe que nós perdemos a menina Sami no terremoto? – diz Nina.

– Sim, é claro que eu sei – diz Daniel.

Nina se sente aliviada.

– Ainda bem que você sabe, Daniel – diz Nina, mais aliviada.

– E sei também que vocês estão muito preocupados com a situação e que ficaram horas pensando em como iriam me contar o ocorrido – diz Daniel.

– Perdoe-nos, Daniel, mas não queríamos decepcioná-lo – diz Nina.

– Nina, no mundo espiritual não há o que decepcionar-se. Aqui todos nós podemos errar. O importante é que nossas falhas caiam sobre nós como ensinamentos que nos farão ainda mais evoluídos. Não pense você que a vida do encarnado é muito diferente da nossa, porque não é. Somos espíritos imperfeitos, e, para tanto, precisamos dos erros e das falhas para evoluir. Tudo o que acontece na Terra acontece também em proporções diferentes aqui na colônia e em todas as colônias espalhadas sobre o Universo.

– Eu sei disso, Daniel, só estava mesmo era preocupada em não decepcioná-lo.

– Não pense assim, Nina.

– Nós estamos muito atordoados com o terremoto, Daniel, eu nunca vi um desencarne de tantos espíritos ao mesmo tempo – diz Felipe.

– É, Felipe, as coisas dEle são assim.

– Mas ficamos assustados, eram muitos espíritos desesperados e muitos outros prestando o socorro necessário naquele momento, parecia uma zona de guerra – diz Felipe.

– Eu até me lembrei de quando trabalhava como enfermeira na Segunda Guerra Mundial – diz Nina.

– É verdade, Nina, parecia mesmo uma zona de guerra – diz Daniel.

– Bom, Daniel, precisamos de sua permissão para voltar e continuar nossa busca por Sami, pois, como você determinou, temos que trazer para cá quinhentas almas, e só falta a Sami – diz Nina.

– E como estão as outras crianças? – pergunta Daniel.

– Estão todas sendo assistidas. A maioria ainda dorme o sono da recuperação – diz Nina.

– Os irmãos da Sami estão dormindo também, Daniel – diz Felipe.

– Vocês têm minha permissão para irem buscar a Sami. Chamem o Rodrigo e peçam ao índio para fazer a segurança de vocês durante o resgate da menina. Só tem um detalhe neste resgate – diz Daniel.

– Qual, Daniel?

– Vocês têm exatamente três dias para entrarem lá e saírem. Tragam a menina para cá.

– Por que três dias, Daniel? – pergunta Nina.

– Já se passou algum tempo do terremoto, e cada dia que passa mais densa fica aquela região, mais desesperados ficam aqueles que estão sem resgate e que insistem em voltar para o corpo morto. O arrependimento é, neste momento, o grande vilão. Espíritos que tiveram a oportunidade de evoluir e se negaram a aceitar a verdade sofrem muito, e muito em breve eles serão expurgados para as regiões mais densas do Umbral.

– Entendi – diz Nina.

– Não será difícil para vocês encontrarem a menina.

– E onde é que vamos procurá-la, Daniel? – pergunta Felipe.

– Sami está escondida dentro da igreja daquele mesmo bairro. Vocês procuraram em todos os lugares, só se esqueceram da igreja.

– Como não pensamos nisso? – diz Felipe.

– É verdade, o único lugar que não procuramos por Sami foi a igreja – diz Nina.

– Podem ir agora mesmo, preparem tudo e busquem a menina, pois ela está muito assustada – diz Daniel.

Nina sente um aperto no peito. Sente-se culpada pelo sofrimento da menina. Daniel percebe e intercede:

– Nina, não fique assim, não cultive esse sentimento dentro de um coração tão nobre como o seu – diz Daniel.

– Desculpe-me, Daniel, mas só em pensar que ela está sofrendo sozinha naquele lugar cheio de espíritos perdidos e desolados me deixa muito triste e sinto-me um monstro.

– Deixe de bobagem, Nina – intercede Felipe.

Daniel se levanta de sua cadeira e se aproxima de Nina.

– Venha aqui, deixe-me abraçá-la – diz Daniel, abrindo os braços e se aproximando de Nina.

Um abraço carinhoso é dado por Daniel. Todo o ambiente se enche de uma luz violeta e todos ficam em paz.

Daniel sussurra no ouvido de Nina:

– Nina, não existem acasos, lembre-se sempre disso.

– Obrigada, Daniel, pelo carinho – diz Nina, emocionada.

– Agora vão. Busquem a menina – diz Daniel.

Felipe, que estava de pé assistindo toda a cena emocionado, chama por Nina.

– Vamos, Nina, vamos logo – diz Felipe.

– Obrigada – diz Nina libertando-se dos braços do fiel amigo Daniel.

Daniel volta às suas atividades enquanto Nina e Felipe saem à procura de Rodrigo, dispostos a seguir imediatamente para o resgate da menina Sami.

Após algum tempo eles encontram com Rodrigo em uma praça, rodeado de jovens.

Nina e Felipe se aproximam e ficam esperando uma oportunidade para falar com Rodrigo, que está conversando alegremente com um grupo de aproximadamente quinze jovens.

– Como eu estava explicando para vocês, o espiritismo ainda vai sofrer muitas transformações. Muitos espíritas estão mais preocupados em criticar do que avaliar a veracidade das instruções que nós estamos passando a todo o momento para os encarnados. A intolerância religiosa ainda é constante no dia a dia das casas espíritas. Os cargos e a posição social ainda são elementos de destaque dentro das reuniões espíritas. Isso faz parte do processo evolutivo que todos terão que enfrentar.

A maioria das pessoas que hoje frequentam as reuniões mediúnicas está ali porque deseja algo pessoal, seja uma vitória material ou por vaidade. Muitos desejam tornar-se operários da caridade simplesmente para aparecer e não carregam em seus corações os objetivos nobres destas reuniões. E ficam a julgar não só aqueles que bem-intencionados realizam a tarefa da caridade, como também querem uma posição de destaque dentro da religião – Rodrigo continua.

– Tudo isso é sabido por nós. Tudo o que é permitido serve unicamente como ensinamento e aprendizado, não só para os encarnados, mas principalmente para nós, que exercitamos todos os dias a tolerância e a compreensão. Temos que lidar todos os dias com a imperfeição alheia. E isso é um ensinamento – diz Rodrigo para todos os jovens.

– Rodrigo, posso lhe fazer uma pergunta? – diz Mariana, uma jovem de quinze anos.

– Sim, Mariana – diz o amável espírito.

– Quando será que todos passarão a acreditar que nada termina, quando será que todos acreditarão na verdadeira vontade de Deus?

– E qual é a verdadeira vontade de Deus, Mariana? – pergunta Rodrigo.

– O amor – responde a jovem, sorrindo encabulada.

– Mariana, o amor é o único sentimento que todos os espíritos levam pela eternidade. Nós, quando chegamos aqui há alguns milhares de anos, já compreendemos que o amor liberta, constrói, conforta, alivia, encoraja, realiza, resplandece, modifica, preenche, satisfaz, enobrece, felicita... Enfim, o amor é o único sentimento que vale a pena.

– É verdade, Rodrigo – diz Pablo, de catorze anos, sentado ao lado de Rodrigo.

– Olhe quem chegou! – diz Rodrigo.

– Olá, Nina!

– Oi, Rodrigo!

– Olá, Felipe!

– Oi, Rodrigo!

– Olá, crianças! – diz Nina.

– Oi, Nina! – respondem as crianças.

– Vocês estão me procurando?

– Sim, Rodrigo, estivemos com o Daniel e gostaríamos de conversar com você – diz Nina.

– Eu sei por que vocês vieram até aqui – diz Rodrigo, se levantando.

– Crianças, agora eu tenho que ir – diz Rodrigo.

– Vá com Deus, Rodrigo – diz Mariana.

– Obrigado, meus amiguinhos, agora sugiro a vocês que vão até o galpão número seis, pois daqui a pouco Daniel estará palestrando lá – sugere Rodrigo.

– Pode deixar que já estamos indo, Rodrigo; e olha, obrigado pelos ensinamentos – diz Lucas, um menino de treze anos.

– Até já, meus amiguinhos – diz Rodrigo se afastando com Nina e Felipe, que acenam para as crianças.

Nina, Rodrigo e Felipe se afastam do grupo.

– Então vamos buscar a menina? – pergunta Rodrigo.

– Sim. Eu conversei com Daniel e ele nos permitiu ir buscar Sami.

– Como você sabia, Rodrigo? – pergunta Felipe.

– Felipe, quando você tiver o tempo que tenho aqui em Amor & Caridade vai ouvir os segredos até dos passarinhos – diz Rodrigo, sorrindo.

– É, quem sabe daqui a algum tempo, não é? – diz Nina, brincando com Felipe.

– Ah, vocês estão tirando sarro com minha cara – diz Felipe.

– Cuidado com o que vocês estão contando para o médium que está psicografando este livro. Daqui a pouco vão achar que é coisa da cabeça dele – diz Rodrigo, rindo ainda mais.

– O problema é que as pessoas acham que a vida espiritual é uma coisa diferente – diz Felipe.

– Até é, Felipe, até é. Mas o que as pessoas encarnadas têm que aprender definitivamente é que Ele é justo, e sendo Ele justo, Ele não criaria dificuldades para seus filhos evoluírem, e sendo assim tudo na vida material é muito parecido com a vida espiritual. Exemplo disso é que nós somos iguais a eles, nós não sabemos de tudo como eles pensam. Algumas coisas nós até temos espíritos amigos e auxiliares que nos ajudam a revelar. Mas muita coisa não pode ser revelada, sobre pena de causa e efeito. Definitivamente os encarnados precisam aprender a procurar os espíritos para esclarecerem suas dúvidas da pós-morte, e não como adivinhadores, como todos acham que somos.

– Isso é a mais pura verdade – diz Nina.

– Eles, os encarnados, precisam aproveitar as oportunidades quando estão conosco para aprenderem mais sobre as existências, sobre as vidas futuras, sobre as colônias, sobre o amor divino e muito mais...

– Eu também acho que deveria ser assim, Rodrigo, mas infelizmente não é – diz Felipe.

– Mas haverá o dia em que todos estarão em uma só religião, em uma só sintonia. Haverá o dia em que a vida eterna será confirmada pela ciência, e aí os castelos ruirão, as fortalezas serão rompidas, a ignorância será afastada, e todos estarão unidos em um só ideal.

– Qual será esse ideal, Rodrigo? – pergunta Felipe.

– A evolução por meio do amor, assim como nosso querido irmão Jesus ensinou. Amai-vos como eu vos amei.

– É verdade, Rodrigo – diz Nina.

– Agora vamos encontrar com o índio e buscar a menina – diz Rodrigo.

– Sim, vamos – diz Nina, animada.

– Vamos – diz Felipe.

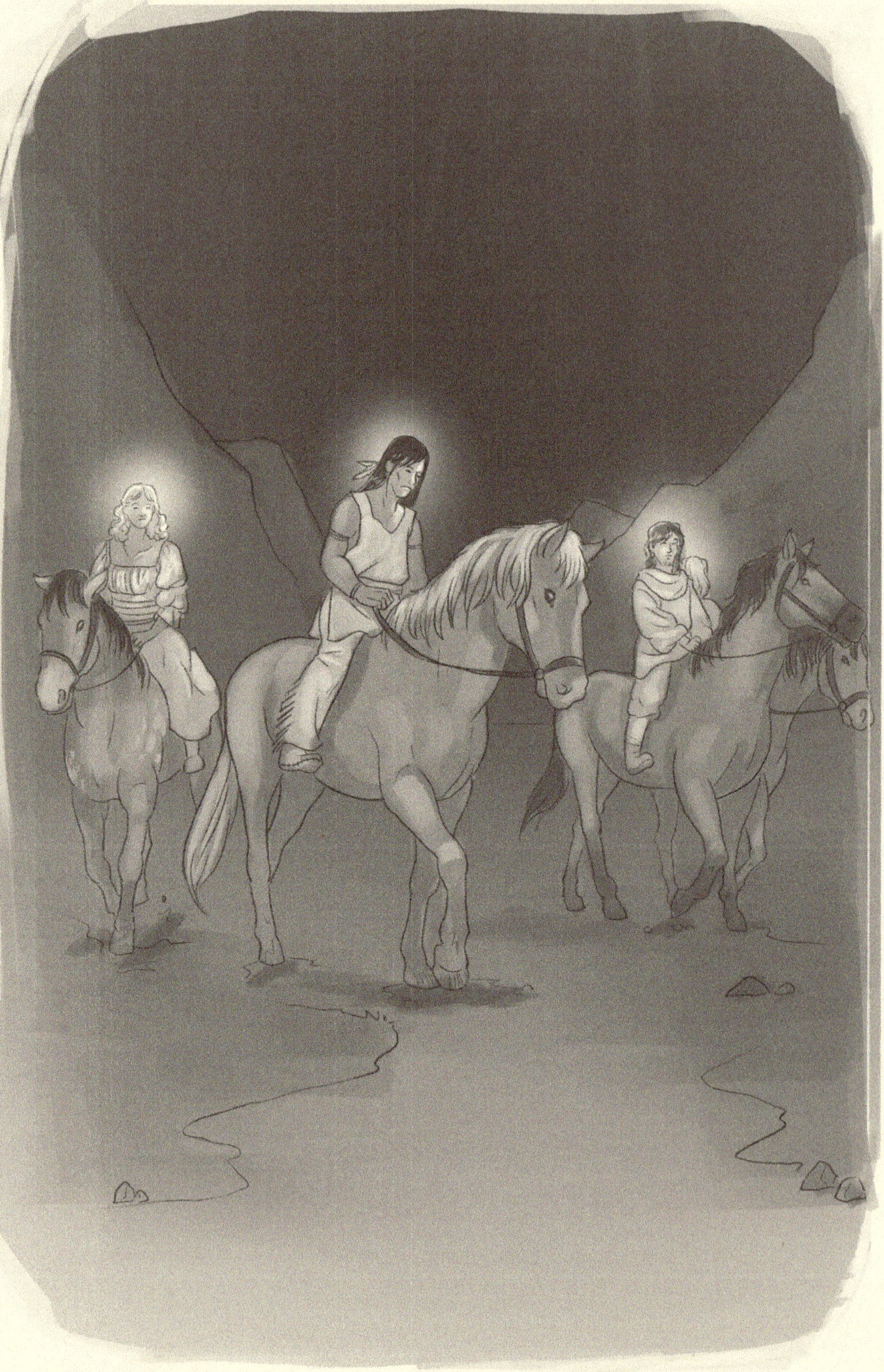

O Primeiro Dia

A noite é escura no Peru. O governo local ainda está atordoado com tantas mortes. Milhares ainda estão soterrados pelas avalanches que tomaram todo o lugar. A tristeza é grande. Milhares de almas vagam perdidas e desorientadas, buscando reviver seus corpos mortos e mutilados pelo acidente. Nina assiste a tudo chocada. Cavalgando lentamente, Nina e seus companheiros passam pelas ruas enlameadas e abandonadas. Poucos encarnados estão pelas ruas. Alguns roubam pertences dos que morreram e outros tantos vagam à procura de filhos e familiares mortos pela tragédia. Há alguns espíritos perdidos.

– Rodrigo, por que tanto sofrimento? – pergunta Nina.

– Nina, tudo tem uma razão de ser. Não existem acasos, você sabe disso.

– Sim, esta foi a frase que Daniel usou para me acalmar quando eu estava triste, lá em seu gabinete.

– Então, como podes ver, tudo tem um propósito e um motivo para acontecer – diz o sábio Rodrigo.

– Isso eu bem sei – diz Felipe.

– Por que diz isso, Felipe? – pergunta Nina.

– Você se esqueceu, Nina, quando acolhemos em nossa casa Porfírio e Valéria* antes de seus martírios?

– É verdade, Felipe, fomos nós naquela encarnação que acolhemos Porfírio e Valéria antes de seus martírios, antes de eles encarnarem na França e ela se tornar Joana D'Arc.

– Eu também estava por lá, vocês se esqueceram? – diz Rodrigo.

– Não, Rodrigo, jamais nos esqueceremos daquela nobre missão.

– Agora vamos até a igreja – diz o índio se aproximando do grupo.

– Você sabe onde fica, índio?

– Sim, fica logo à frente e à direita.

– Agora, por favor, façam silêncio – diz o índio.

– Sim, amigo. Façam silêncio – ordena Rodrigo.

Lentamente eles se aproximam da igreja, que está parcialmente soterrada. O silêncio é total. Nina desce de seu cavalo e se dirige a uma porta lateral que dá acesso à sacristia. Felipe e Rodrigo acompanham a menina enquanto o índio fica do lado de fora, dando segurança ao grupo.

---

* A história de Valéria e Porfírio você pode acompanhar no livro Joana D'Arc o amor venceu.

– Venha, Rodrigo, me ajude aqui – diz Nina.

– Olhe, há algumas crianças ali – diz Felipe, apontando para um pequeno cômodo atrás do altar.

– Venham, vamos entrar – diz Rodrigo.

Rodrigo é o primeiro a entrar no lugar, e as crianças ao perceberem a presença dele ficam assustadas e com medo.

– Não tenham medo, sou o Rodrigo e vim para ajudá-las.

As crianças se encolhem em um canto do cômodo. Nina se aproxima.

– Fiquem calmas. Eu me chamo Nina e vim para buscar vocês.

As crianças, ao perceberem a presença de Nina, ficam mais calmas, afinal Nina parece um anjo. Linda, com seus cabelos cacheados da cor de fogo, pequenas sardas passeiam por sua bela face. Seus lábios vermelhos contrastam com seus lindos dentes brancos. Nina aparenta ter uns dezessete anos. Está vestida com um vestido de cor violeta, que lhe cobre todo o corpo e delineia suas curvas. Felipe usa calça e camisa de mangas compridas de cor branca. Rodrigo se veste como um cigano. O ambiente, que era de escuridão, se torna claro como a luz do dia. Um lindo sol de cor lilás aparece sobre o ambiente clareando a todos.

– Sami? – diz Nina.

– Estou aqui, tia – diz a pequena Sami.

– Nós viemos buscar você – diz Nina.

– Você é amiga da minha mãe?

– Sim, somos os amigos, protetores de sua família – diz Nina.

– Para onde a senhora vai me levar?

– Vou levá-la para encontrar-se com os seus irmãos.

– E onde eles estão? Eu já procurei em todos os lugares e não os encontrei – diz Sami, ainda assustada.

– Eles estão conosco lá em nossa colônia – diz Nina, carinhosamente.

– Colônia? O que é isso? Onde é isso?

– É um lugar aonde as pessoas vão após um terremoto como o que aconteceu aqui – diz Nina.

– E a minha mãe?

– Sua mãe em breve estará com você e seus irmãos lá na colônia.

– Tia, por que isso tudo aconteceu? – pergunta outra menina se aproximando.

– Porque Deus assim quis – responde Nina.

– Mas nós estamos mortos?

– Mortos não é a palavra certa, na verdade vocês saíram do corpo físico e agora estão verdadeiramente vivos.

– Como assim, tia? – pergunta um menino se aproximando.

– A verdadeira vida não é essa que vocês estavam levando, a verdadeira vida é na erraticidade, ou melhor, na vida eterna.

– Não estou entendendo nada – diz Sami.

– Você ainda é muito jovem para entender dessas coisas. O importante é que vocês confiem em mim e que tudo ficará bem.

– Se é assim que você está dizendo, eu vou confiar em você, Nina – diz Sami.

– Agora venham, vamos embora deste lugar – diz Nina.

As crianças se levantam e seguem para a parte de fora com Nina.

– Aonde é que você pensa que vai com essas crianças? – pergunta o índio.

– Vamos voltar para Amor & Caridade – diz Nina.

– Mas Daniel só me permitiu buscar uma criança – diz o índio.

– Olha, meu amigo índio, o que você vai fazer realmente não me importa, o que me importa são essas crianças e eu não vou deixá-las aqui. Você pode ter certeza disso – diz Nina.

– Calma, Nina, tenha calma, o índio está certo. Ele só tem permissão para levar uma criança, foi para isso que nós viemos aqui. Nós viemos para buscar a Sami e mais ninguém – diz Rodrigo se aproximando do grupo.

– Eu sei, Rodrigo, eu sei disso. Mas não vou deixar essas crianças aqui – diz Nina.

– Mas Nina, nós nem temos como transportá-las para a colônia! – diz o índio.

– Vamos caminhando – diz Nina.

– Você pirou, Nina? Como assim, caminhando? Todos nós sabemos que entre os planos existem regiões onde não podemos passar. Todos nós sabemos que existe uma ordem em todas as coisas dEle.

– Olha, quanto a vocês realmente eu não sei, mas eu não saio daqui sem essas crianças – diz Nina segurando nas mãos de Sami e de Luzia.

– E quantas são? – pergunta Felipe.

– Deixe-me contar – diz o índio.

Após algum tempo:

– Vinte e três crianças, contando com Sami.

– Meu Deus, como é que vou resolver essa questão com Daniel – diz Rodrigo.

– Como assim, Rodrigo? – diz Nina.

– Fomos convocados para resgatar quinhentas almas, levamos quatrocentos e noventa e nove. Viemos agora buscar a que faltava e você me arruma mais vinte e duas? Como vou explicar isso para Daniel?

– Rodrigo, onde ficam quinhentas, ficam quinhentas e vinte e duas – diz Nina.

– Nina, você sabe muito bem que as coisas não são assim – diz Rodrigo.

– Não importa, Rodrigo, façamos assim: vamos seguir os sinais, lembre-se que Daniel me disse antes de sair de lá que não existem acasos – diz Nina, confiante.

– Se pensarmos assim, você tem razão – diz Felipe.

– Olha, voltem vocês para dentro da igreja, que vou tentar um contato com Daniel. Acho que é a forma mais segura para resolvermos essa questão – diz Rodrigo.

– É bom que façamos assim mesmo – diz Felipe.

– Fiquem dentro da igreja e esperem aí, que eu e o índio iremos até a divisão vibratória para tentarmos um contato com Daniel – insiste Rodrigo.

– Está bem, venham crianças, vamos entrar e esperar pelo tio Rodrigo – diz Nina, puxando as crianças pelas mãos.

– Felipe, fique com Nina – ordena Rodrigo.

– Sim, Rodrigo – obedece Felipe.

– Índio, nós precisamos deixar alguém cuidando da segurança deles.

– Vou pedir ao Negro para ficar aqui enquanto nós vamos até a faixa, Rodrigo.

– Faça isso. Vou preparar os cavalos – diz Rodrigo.

– Rodrigo, não demore. Como você sabe, nós só temos dois dias – diz Nina.

– Pode deixar, vamos voltar o mais rápido possível. Negro ficará tomando conta de vocês durante nossa ausência.

– Outra coisa, Rodrigo, traga algum tipo de transporte para que possamos levar as crianças – diz Felipe.

– Deixa comigo, se Daniel permitir, eu trago algum tipo de transporte.

– Rodrigo, me faz um favor? – diz Nina.

– Sim, Nina.

– Se Daniel não permitir, traga algum tipo de transporte do mesmo jeito, porque sem essas crianças eu não saio daqui.

– Tá bom, Nina. Pode deixar – diz Rodrigo se afastando.

– Venham, crianças, vamos para dentro da igreja – diz Nina.

– Tia, eu estou com sede – diz Luzia, olhando para Nina.

– Felipe, arrume água para as crianças – ordena Nina.

– Vou lá fora arrumar água para vocês, crianças – diz Felipe.

Felipe sai e pede ao Negro que arrume água. Negro sorri e lhe mostra uma vasilha a seu lado.

– Use esta aí ao seu lado – diz Negro.

– Ótimo, esta aqui está boa – diz Felipe, pegando a vasilha.

– Quem é que quer beber água? – pergunta Negro.

– As crianças.

– E por que elas querem beber água? – pergunta Negro.

– É assim mesmo. O processo de esclarecimento demora alguns dias para alguns e séculos para outros – diz Felipe.

– Bom, então leve logo esta água para elas.

Uivos são ouvidos por todos. Felipe se apressa a entrar na igreja.

As crianças correm e se agarram a Nina.

– Venha, Felipe, fique aqui perto de mim – diz Nina.

– Tomem a água, crianças, e fiquem calmas que eu estou aqui com vocês.

Todas as crianças estão apavoradas, o ambiente é de pouca luz e sombrio.

– O que será que está acontecendo lá fora, Felipe?

– Provavelmente são os guardiões da noite que estão chegando para resgatar aqueles que irão para o Umbral.

– Meu Deus! Tenha misericórdia dessas almas – diz Nina abraçando as crianças.

– Tia, eles vão levar a gente?

– Não, eles não vão levar vocês, todos vocês irão comigo para a minha colônia.

– É lá que fica a sua casa? – pergunta Sami.

– Sim, é lá que todos vocês vão morar comigo.

– E lá tem escola?

– Tem sim, Sami. Uma linda escola onde vocês poderão estudar e aprender muitas coisas legais.

– Tem parque, brinquedos e lugar para a gente se divertir? – pergunta João, um menino de doze anos.

– Sim, tem sim. Qual é o seu nome?

– Meu nome é João.

– Venha até aqui, João. Sente-se próximo a mim, que vou lhe contar um segredo – diz Nina, carinhosamente.

João se aproxima e senta-se ao lado de Sami.

– Pronto, tia, você pode falar.

– Lá em Amor & Caridade existem muitas crianças iguais a vocês, e elas são muito felizes.

– É nesse lugar que fica a sua casa?

– Sim, é nesse lugar que fica a casa de todos nós. Eu, o Felipe e o tio Rodrigo vivemos lá.

– E por que a senhora veio até aqui para nos buscar?

– Foi Deus quem nos mandou vir até aqui para buscar vocês.

– Entendi, tia – diz Luzia.

– Quando é que nós poderemos ir? – pergunta João.

– Assim que o tio Rodrigo chegar nós iremos partir para a minha casa – diz Nina.

– Vocês querem água? – pergunta Felipe.

– Sim – respondem quase todos.

Nina faz algumas brincadeiras para distrair as crianças. Lá fora podem ser ouvidos uivos de lobos e muitas pessoas correndo e gritando. Nina distrai as crianças, auxiliada por Felipe.

Negro entra na igreja e assusta as crianças, que correm para o fundo da sala.

– O que houve, Negro? – pergunta Nina.

– Vocês têm que ficar em silêncio total, diminuam a luz e fiquem quietos – diz Negro.

– Mas o que houve? – insiste Nina.

– Os guardiões estão procurando por umas crianças que, tenho certeza, estão aqui com você, Nina.

– Distraia-os enquanto eu apago as luzes e mantenho as crianças em silêncio – diz Nina.

– Pode deixar, só não façam barulho. Felipe, ajude Nina – diz Negro, se afastando.

– Crianças, vou apagar as luzes para que todos nós possamos ficar em silêncio absoluto. Não podemos falar nada, ouviram?

– Sim, tia Nina.

– Nina, estou com medo – diz Sami, aproximando-se.

– Fique bem agarradinha a mim. Prometo-lhe que nada vai acontecer.

O silêncio toma conta do lugar, algumas crianças adormecem após alguns dias de sofrimento e dor. A presença de Nina e Felipe acalma a todos. Nina faz um gesto de cabeça pedindo para Felipe dar um passe em todas as crianças. Felipe se levanta lentamente, estende as mãos e começa a dar um passe fluídico em todas as crianças que adormecem lentamente.

Após algum tempo, o silêncio toma conta da cidade e o Negro avisa a Nina e Felipe que o perigo passou. Aqueles que estavam procurando pelas crianças desistiram e foram embora.

Nina deixa as crianças dormindo com Felipe e sai até a

porta da igreja, onde o Negro monta guarda para assegurar o grupo.

– Eles foram embora?

– Sim, Nina, procuraram, procuraram e desistiram.

– Que bom! Você acha que eles estavam procurando alguma de nossas crianças?

– Sim, com toda a certeza.

– Ainda bem que desistiram.

– Isso é relativo, Nina.

– Como assim?

– Eles não desistirão de procurar pelas crianças. Assim que chegarem ao Umbral, eles irão receber a informação de localização das crianças.

– Pior que é verdade. Isso aconteceu comigo quando cheguei a Amor & Caridade – diz Nina.

– Pois é exatamente igual lá no Umbral. Quando chegarem lá eles provavelmente saberão onde encontrar as crianças.

– Meu Deus, e cadê Rodrigo?

– Ainda não tenho informações dele.

– Posso me sentar a seu lado?

– Sim, Nina.

Nina senta-se ao lado do guardião. De pele negra, ele

mede uns dois metros de altura, é forte, musculoso e usa uma calça cortada na altura dos joelhos e uma camisa preta bem justa ao corpo. Seu cabelo é liso na altura dos ombros. Traços finos, porém que impõem muito respeito.

– Você trabalha com o índio?

– Sim, somos companheiros.

– E você não tem um nome? – pergunta Nina.

– Já tive vários nomes em diversas vidas. Qual você prefere?

– Como lhe chamam?

– Me chamam Exu.

– Como?

– Exu – insiste Negro.

– Não é esse nome que você usa, é?

– Na verdade, meu nome é Mateus. Decidi trabalhar nas regiões umbralinas para compensar meus erros e acelerar minha evolução. E além do mais, eu preciso me encontrar com minha alma afim.

– Como assim?

– Nina, como você sabe, existem no mundo espiritual diversas faixas vibratórias. E Ele permite que busquemos nossa evolução em qualquer lugar e em qualquer oportunidade.

– Sim, eu sei perfeitamente disso.

– Pois bem, eu trabalho em uma das mais baixas faixas de vibração. Trabalho bem próximo da Terra. Trabalho no dia a dia dos encarnados. Nós, trabalhadores desta faixa, condensamos os fluidos negativos e os transformamos em fluidos positivos. Essa é uma de nossas missões.

– É lindo o seu trabalho, Mateus.

– Obrigado, Nina.

– E o que mais vocês fazem?

– Protegemos vocês.

– Disso sei perfeitamente, sem vocês seria impossível para nós transitar nestas vibrações mais densas.

– Isso mesmo. Para que um iluminado desça para qualquer tarefa é necessário que nós, trabalhadores dos planos inferiores, sejamos os guardiões de sua presença.

– Eu lhe agradeço muito por nos ajudar, Mateus.

– Eu é que agradeço a oportunidade de servir, Nina. Todas as vezes que sou solicitado por Daniel e pelo índio, fico muito feliz em ser útil.

– Lembro-me quando você estava conosco na missão de resgate de Soraya.

– Você se lembra?

– Sim, lembro-me como se fosse hoje o quanto você nos ajudou.

– Sim, aquela foi uma missão em que muito aprendi – diz Mateus.

– Eu também aprendi muito naquele dia.

– Espere, Nina, fique em silêncio, por favor!

– O que houve?

– Ouço passos – diz Mateus.

– Meu Deus, será que é Rodrigo?

– Não é Rodrigo. Vá para dentro, por favor!

Sem dar nenhuma resposta, Nina se levanta e entra na igreja.

Negro se põe de pé e fica a esperar pelo visitante.

Do meio da escuridão surgem dois vultos maltrapilhos.

– Boa-noite, meu amigo – diz o visitante.

– Parem onde estão – diz Mateus.

– Não queremos encrenca, só estamos procurando por duas crianças que temos que resgatar.

– Por acaso você está vendo alguma criança aqui, meu amigo?

– Não, na verdade vimos você conversando com uma linda jovem e resolvemos lhe perguntar pelas crianças.

– Aqui não há nenhuma criança – diz Mateus.

– Obrigado então senhor, não queremos problemas – diz o outro acompanhante.

– Podem ir embora. Aqui não há crianças – insiste Mateus.

– Boa-noite, amigo.

– Boa-noite, senhores.

Os forasteiros se afastam e Nina assiste a tudo muito assustada.

– Mateus?

– Sim, Nina.

– Eles foram embora?

– Sim.

– Eles estão realmente procurando as crianças.

– Sim, eles querem achá-las.

– E cadê o Rodrigo com a ordem?

– Tenha calma, agora não seremos mais perturbados até o dia amanhecer.

– Como você sabe disso?

– Não estou sozinho, Nina.

– Como assim? Eu não estou vendo mais ninguém por aqui.

– Nunca estamos sozinhos. Nós, os guardiões da rua, temos um pacto com todos aqueles que trabalham como eu para auxiliar a engrenagem vitoriosa do amor. Estamos unidos em pensamento e vibração. Assim, onde eu estiver outro irmão estará me assistindo e vice-versa.

– Nossa, não sabia que era assim!

– Tolos são aqueles que se voltam contra nós. Tolos são aqueles que fingem acreditar na espiritualidade. E mais tolos ainda são aqueles que viram as costas para nós.

– Isso é verdade. Tolos os que perdem a oportunidade de se tornarem melhores ajudando a si mesmos.

– Nina, agora vá descansar. O dia já vai nascer e Rodrigo já está a caminho.

– Posso confiar em sua afirmação?

– Sim, vá descansar, o Rodrigo já está a caminho.

– Boa-noite, Mateus!

– Boa-noite, Nina!

Nina volta para dentro da igreja e deita-se ao lado de Felipe, que está rodeado de crianças.

A noite passa lentamente no silêncio dos esquecidos.

> "A questão mais aflitiva para o espírito no Além é a consciência do tempo perdido."
>
> *Chico Xavier*

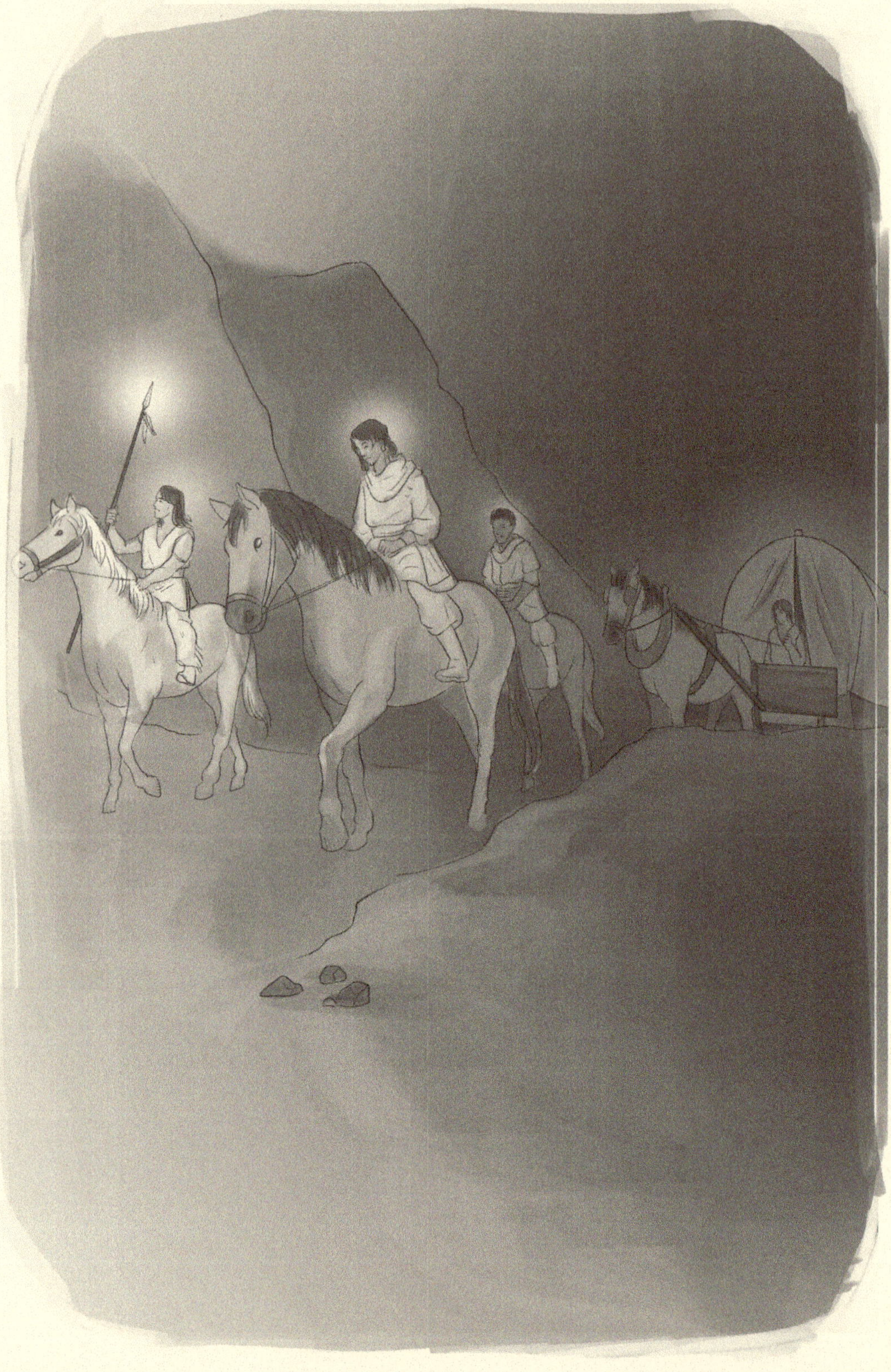

O Segundo Dia

– Bom-dia, Mateus!

– Bom-dia, Nina!

– Rodrigo ainda não chegou?

– Ainda não, mas ele está próximo.

– Estou ansiosa para sair deste lugar.

– Breve voltaremos para a colônia.

– Espero que não demore – diz Nina.

– As crianças já acordaram?

– Ainda não. As crianças estão emboladas em Felipe em sono profundo, o que é para ele um amargo sofrimento.

– Ter que viver as experiências dos encarnados, muitas vezes, é para nós um castigo – diz Mateus.

– Quer que eu faça alguma coisa, Nina? – pergunta Mateus.

– Só que você peça a seus amigos para acelerarem a chegada de Rodrigo.

– Fique sossegada, ele estará aqui em breve.

– Vou ficar com as crianças. Assim que ele chegar me avise, por favor.

– Pode deixar.

Nina volta para o interior da igreja. Pouco tempo depois, Rodrigo surge no horizonte enlameado com os índios. Ambos estão montados em seus cavalos e trazem uma carroça com outro espírito amigo que veio para ajudar.

A carroça tem uma cobertura de pano branco e é puxada por dois cavalos. O rapaz que serve de boleeiro ao grupo e outro índio chama-se Vento Forte. Ele, com o Caboclo Ventania, são os guardiões desta missão.

– Bom-dia, Mateus!

– Olá, Rodrigo, como foi a viagem?

– Foi boa.

– Conseguiu falar com Daniel?

– Sim, conseguimos contato com o Daniel e ele permitiu que levássemos as crianças.

– Que boa notícia! Nina vai ficar muito feliz – diz Mateus.

– Onde ela está? – pergunta o índio.

– Está lá dentro com as crianças – diz Mateus.

Rodrigo desce do lindo cavalo branco e se dirige à igreja.

Nina ouve os passos do amigo e espera, ansiosa pela aparição na porta lateral da sacristia.

– Nossa que bom que você chegou, Rodrigo! – diz Nina, correndo em sua direção e abraçando-o.

— Consegui falar com Daniel e ele disse que podemos levar as crianças – diz Rodrigo.

— Deus ouviu as minhas preces – diz Nina.

— Já não via a hora de sair daqui – diz Felipe.

— Agora, apronte as crianças e vamos partir o quanto antes – diz Rodrigo.

— Venham, crianças. Peguem suas coisas e vamos sair daqui – diz Nina.

— Como vamos levá-las, Rodrigo?

— Trouxemos uma carruagem.

— Que ótimo, então podemos ir – diz Nina.

As crianças ficam alvoraçadas e felizes por poderem sair daquele lugar. Logo tudo está arrumado e todos estão seguindo viagem de volta para a colônia. À frente do grupo vão Ventania e Mateus. Muita chuva dificulta a viagem de volta.

— Ventania, teremos que passar pelo Umbral?

— Sim, sem sombra de dúvida.

— E como essas crianças reagirão àquele lugar?

— Será, sem dúvida, uma batalha. O Umbral está cheio de familiares delas. Teremos que escondê-las dos demais.

— Você já conversou sobre isso com o Rodrigo?

– Não, ainda não. Mas assim que eu tiver uma oportunidade falarei com ele.

– Acho bom você preveni-las do que as espera.

– Sim, vou falar com elas assim que pararmos para descansar.

As crianças estão amontoadas na carroça e brincam o tempo todo com o índio, que as conduz.

Nina segue cavalgando ao lado de Felipe, exausta pela viagem.

Rodrigo está um pouco à frente de Nina e Felipe e um pouco distante do índio e de Mateus.

Passadas várias horas de viagem, Ventania decide parar para descansar e descansar os animais.

– Vamos pernoitar aqui – diz Ventania aproximando-se de Rodrigo.

– Sem problemas, Ventania – diz Rodrigo.

O índio segue em direção a Nina e Felipe e anuncia que eles irão descansar naquele lugar.

Mateus começa a arrumar gravetos para acender uma fogueira e providencia água para as crianças e para os animais.

O acampamento está armado. O pano que cobre a carruagem é usado pelo experiente índio para fazer uma grande barraca, onde todas as crianças descansam.

A noite cai rapidamente. Nina e seus companheiros sentam ao redor de uma pequena fogueira e ficam conversando.

– Rodrigo, posso lhe perguntar umas coisas? – diz Nina.

– Sim, claro Nina.

– Não que eu não saiba, mas acho importante conversarmos sobre isso para elucidar algumas questões.

– O que você quer saber?

– Por exemplo, por que precisamos de cavalos neste lugar? Por que a fogueira? Por que beber água?

– Nina, quanto mais próximos estamos da Terra, mais nos confundimos com ela. A Terra é um lugar muito denso. Nós, espíritos iluminados, temos algumas dificuldades de locomoção aqui devido à densidade deste lugar. Embora alguns achem que quando atingimos a luminosidade nada nos impede, quero e devo informar que não é bem assim que as coisas funcionam. Os encarnados têm o hábito de achar que as coisas são fantasiosas como eles assim o acham. Vejamos o seguinte: não se atravessa o oceano sem um bom barco, não é mesmo?

– Sim, claro – diz Nina.

– Para que possa atingir seus objetivos você tem que ter coragem para encarar os desafios que lhe são apresentados pela frente. Você não conseguirá chegar ao fundo do oceano sem um aparelho apropriado para isso. Nós, espíritos mais elevados, sabemos das dificuldades que temos em atravessar determinados elementos. Para atravessarmos, por exemplo, o Umbral, precisamos transformar as nossas energias e adaptá-las ao local, não é isso?

– Sem dúvida – diz Felipe.

– Então, para que possamos atravessar essa região, nos são fornecidos pelo Cosmos elementos apropriados à tarefa. Sendo assim, essa carruagem que transporta as crianças é, na verdade, uma carruagem fluídica. Esses cavalos que nos transportam são cavalos fluídicos criados especialmente para nos servir neste momento. Tudo é densificado à necessidade e principalmente pelo merecimento que nós temos. Outros espíritos vagam por estas regiões sem mesmo conseguirem adaptar-se à energia local, devido às suas imperfeições. Por sermos um pouco melhor, tudo se organiza para que possamos atingir os objetivos traçados pela espiritualidade superior.

– Vivo isso todos os dias na região em que me comprometi a trabalhar – diz Ventania.

– Mesmo sendo espíritos com um grau de desenvolvimento maior, nós não conseguimos transpor esse lugar se não nos adaptarmos a ele. Entendeu, Nina?

– Perfeitamente, Rodrigo.

– Então vamos seguindo em frente, e esperar que nada possa atrapalhar nossa chegada à colônia – diz Felipe.

– Sim, Felipe, espero realmente que tudo dê certo e que consigamos cumprir aquilo que nos foi determinado pela superioridade – diz Rodrigo.

– Como estão as crianças, Nina?

– Estão todas dormindo, Rodrigo.

– Vou aproveitar este momento para convidar Mateus para nos contar um pouco de suas experiências aqui no plano denso. Pode ser, Mateus? – pergunta Rodrigo.

Mateus está de pé próximo ao grupo e ouve o chamado de Rodrigo.

– O que houve, meu amigo?

– A Nina e o Felipe conhecem muito pouco sobre esta região em que você e o Ventania trabalham. Eu gostaria de pedir a vocês, aliás a você, Mateus, que se puder, passe para eles um pouco de conhecimento e experiências vividas aqui neste plano denso.

– Com prazer – diz Ventania.

– Começo eu, Ventania? – pergunta Mateus.

– Podemos contar a eles nossa última experiência naquela casa espírita em que somos guardiões – diz o índio.

– Conte você, então! – diz Mateus.

– Está bem! Nina, certa noite todos os tarefeiros da casa espírita estavam preparados para iniciar mais uma noite de trabalho. Inexperientes como são, nem sequer perceberam que alguns visitantes daquela noite trouxeram com eles um pó, feito de ervas daninhas, para ser espalhado pelo ambiente. O objetivo daquelas pessoas era tão somente destruir aquela obra de caridade.

– Meu Deus, por que eles queriam fazer isso?

– Eles tinham inveja daquela casa de caridade. Procuravam por uma mulher que se dizia poderosa e ela lhes concedeu esse pó.

– E isso funciona? – pergunta Felipe.

– Felipe, desde que o mundo é mundo, todos sabemos que existem muitos mistérios. Na verdade, há mais mistérios entre o céu e a terra do que sua mente possa imaginar.

– Como assim, Rodrigo? – pergunta Nina.

– Nina, todos nós sabemos que quando Ele criou o mundo, na verdade Ele criou elementos que ao se juntarem formam alguma coisa. Tudo o que Ele fez e faz tem um intento. Nada é por acaso. Sendo assim, uma folha que obedece ao Seu comando tem nela elementos criados por Ele, que ao perceberem ou receberem a ordem, as executam com exatidão. Sendo assim, um grão de areia tem seu objetivo na criação. Reparem que se milhares de grãos de areia se juntarem esses grãos formarão uma rocha. E, essa rocha, ao se juntar com outras rochas, formará um pedregulho e assim sucessivamente. Tudo tem um propósito e um porquê na criação divina.

– Interessante, Rodrigo – diz Felipe.

– E tem mais! – diz o índio.

– Diga, Ventania.

– Nós, índios, aprendemos a usar esses elementos. Nós aprendemos a usar as ervas para o bem e para o mal.

– Como assim? – pergunta Felipe.

– Felipe, tudo na natureza tem vida. Tudo na natureza respira. Tudo na natureza tem ação e reação. Não é assim que vocês evoluem?

– Sim – diz Nina.

– Nós, índios, somos uma das primeiras raças a habitar a Terra. Nossos deuses nos ensinaram a manusear as plantas e delas extrair coisas boas e coisas ruins.

– Ventania, não use a palavra deuses – diz Rodrigo.

– Desculpem-me. Nossos mentores espirituais nos ensinaram como extrair da própria natureza remédios para curar nossos doentes. Ensinaram-nos a tirar da natureza veneno para abater nossa caça e nos alimentar. E também nos ensinaram a manusear ervas para afastar de nossas aldeias os maus espíritos.

– Que lindo, Ventania! – diz Nina.

– Eu e o Mateus lidamos todos os dias com esses elementos.

– Sim. Nós somos os responsáveis por condensar as energias desses elementos que nos são ofertados por pessoas que ainda acreditam nesta força e as utilizam para harmonizarem suas vidas – diz Mateus.

– Como funciona isso? – pergunta Felipe.

– Os elementos da natureza estão presentes na vida de todos os encarnados e também no Umbral, e porque não revelar que estão também presentes nas colônias, enfim, em todos os lugares. Lá no Umbral nós condensamos esses elementos e os transformamos em fluidos. E é pela utilização desses fluidos que nós conseguimos ajudar alguns irmãos que vivem em tormento e sofrimento.

– Que bom, Mateus! Você é quem faz isso?

– Sim. Muitas das pessoas acham que por pertencer a uma falange denominada Exu, eu faço mal para alguém. Todos nós sabemos que só existe uma forma de evoluir. Todos nós sabemos que sem caridade não iremos a lugar nenhum.

– Que lindo, Mateus! – diz Nina.

– Eu nunca imaginei que era assim que as coisas funcionavam aqui – diz Felipe.

– Existem muitos mistérios entre o céu e a terra, Felipe – diz Rodrigo.

– E que fim levaram aquelas pessoas que estavam espalhando o pozinho na casa espírita em que vocês trabalham?

– Aquela noite resolvemos nos divertir com elas – diz Ventania.

– Como assim, se divertir? – diz Nina, assustada.

– Não é nossa especialidade nem de nosso caráter nos divertirmos com os encarnados. Mas naquela noite eu e Mateus resolvemos dar um susto em alguns deles.

– E o que vocês fizeram?

– Fizemos passarem vergonha.

– Como assim? – pergunta Felipe.

– Na verdade, eles ficavam fazendo fofoca das pessoas de bem que estavam naquela casa espírita. Nós resolvemos que eles seriam traídos por sua própria índole. Colocamos um contra o outro. O resultado foi um só.

– Qual foi o resultado? – pergunta Nina.

– Desavença e separação.

– Vocês fizeram mal a essas pessoas? – diz Felipe.

– Não, Felipe. Nós, na verdade, só mostramos a elas quem elas são verdadeiramente. Só isso – diz Mateus.

– Só despertamos nelas a curiosidade de se perguntarem por que elas eram amigas? – diz Ventania.

– E isso foi o suficiente? – pergunta Felipe.

– Quando não há amor entre as pessoas, basta que você desperte nelas a curiosidade para que tudo desande – diz Mateus.

– Que maldade! – diz Nina.

– Não, Nina. Lembre-se que foram essas pessoas que levaram o pozinho para destruir uma obra de caridade.

– Já não está mais aqui quem questionou a atitude de vocês – diz Nina.

– Não se trata de atitude e sim de defesa – diz Mateus.

– Como assim? – pergunta Felipe.

– Essa foi a melhor forma que encontramos para defender aquela casa espírita. Reparem, se deixássemos essas pessoas unidas elas não parariam de tentar destruir aquela obra. Elas viveriam uma vida sem sentido. A forma mais sensata de aniquilar aquela maldade era, na verdade, fazendo um bem àquelas pessoas.

– Agora estou entendendo menos ainda – diz Felipe.

– Explique você, Ventania – diz Mateus.

– Quando separamos aquelas pessoas, quando fizemos que elas se descobrissem e vissem que na verdade elas estavam vivendo uma ilusão, fizemos um bem a elas. Separadas, cada pessoa buscou o seu caminho. E nesta busca solitária conseguimos ajudá-las bem mais. Vimos que juntas elas não conseguiriam modificar seus corações. Que sozinhas seria mais fácil para nós ajudá-las e tirar de seus corações a inveja e o rancor.

– Nossa, que legal! – diz Felipe.

– E fizemos mais – diz o índio. – Nós intuímos os dirigentes daquela casa espírita a afastar aquelas falsas pessoas do quadro mediúnico e os forçamos a orar por aqueles que se afastaram levados por nós. Assim, por meio da oração nós conseguimos o intento.

– Ao receber a maldade você a transformou em bondade – diz Nina.

– Sim, Nina. Nós aprendemos que quando você recebe alguma coisa, deve analisá-la, e, se puder, deve transformá-la em algo positivo. Não existe mal que dure para sempre, assim como não existe no Cosmos lição que não tenha um objetivo. Quando eles chegaram naquela casa de amor com seus corações cheios de inveja e ódio, vimos ali uma oportunidade de aprendizado para todos, e foi isso que Daniel nos permitiu fazer.

– Quer dizer que Daniel sabia de tudo? – diz Nina.

– Daniel é um espírito de muita luz, e em seu coração há muita sabedoria e amor – completa Rodrigo.

– Nossa, que lindo! – diz Nina.

– Agora sugiro que todos nós nos retiremos para descansar, porque amanhã será um dia longo e nosso último dia aqui – diz Rodrigo.

– Embora eu me ache estranha, sinto-me cansada mesmo – diz Nina.

– Estar aqui é muito complicado para nós – diz Rodrigo.

– Venha, Nina, vamos descansar – diz Felipe, se levantando.

– Meus amigos, descansem – diz Nina, se retirando.

– Vá, Rodrigo, vá descansar – diz o índio.

– Vou sim, amigo, vou sim – diz Rodrigo, se levantando e indo em direção à barraca onde as crianças dormem.

> *Não se turbe o vosso coração; credes em Deus, crede também em mim.*
> *Na casa de meu Pai há muitas moradas."*
>
> *João 14:1,2*

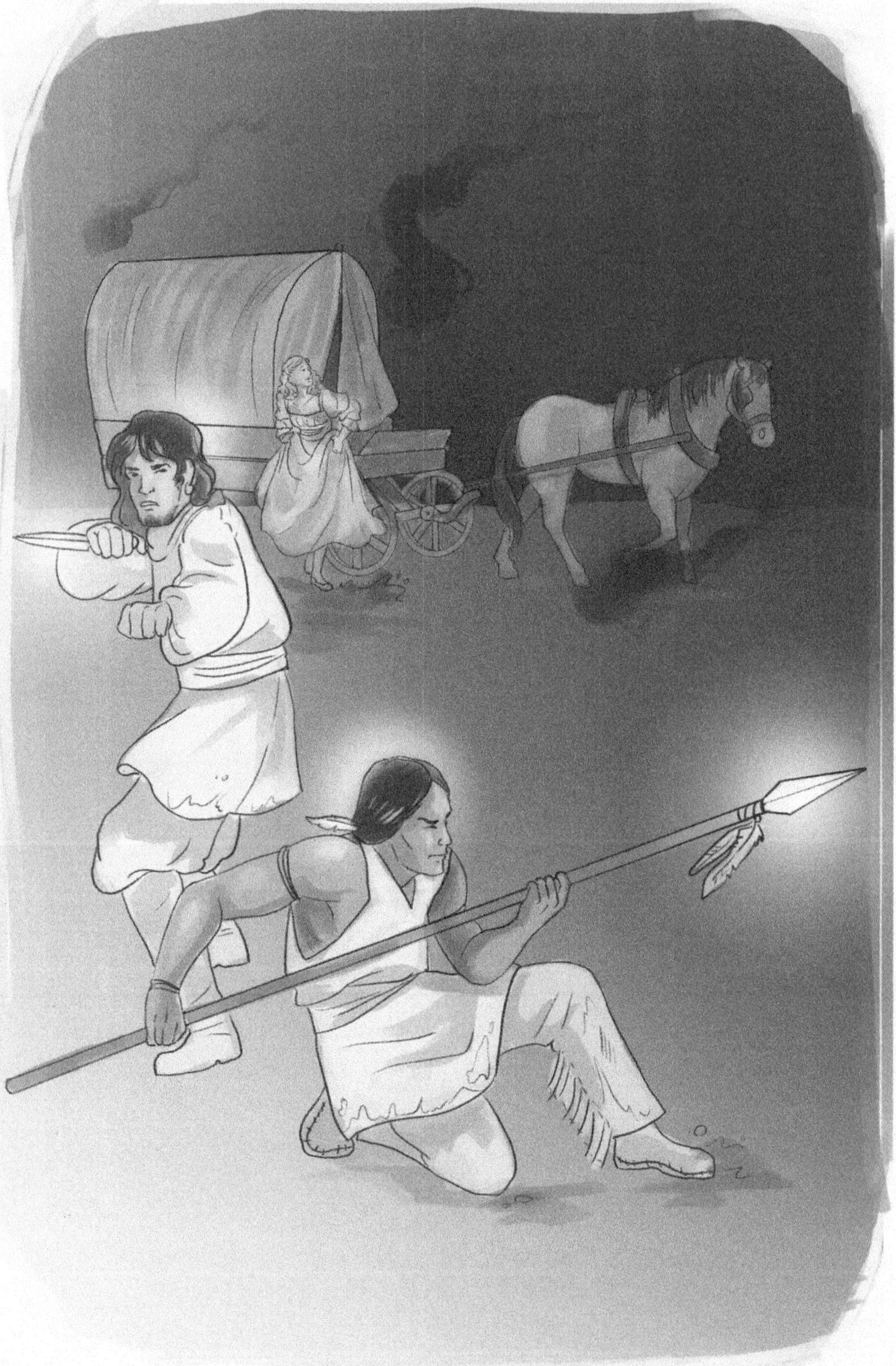

O Terceiro Dia

Poucos raios de sol anunciam que é chegado o terceiro dia. O Umbral permanece escuro e frio. Densas nuvens insistem em passear sobre os pequenos raios de sol. A umidade do lugar é terrível. O chão é enlameado e as estradas são estreitas e sombrias. Alguns pássaros passam pelo céu escuro.

Nina é despertada por Rodrigo.

– Bom-dia, Nina!

– Bom-dia, Rodrigo!

– Levante e apronte as crianças. Vamos seguir viagem.

Nina se levanta e acaricia Sami, que dorme agarrada a ela. Felipe e os outros já estão de pé. Tudo está organizado.

Ventania e Mateus seguem à frente do grupo. Rodrigo e Felipe estão na área intermediária entre eles e a carroça. Nina está ao lado do cocheiro e perto das crianças. Seu cavalo segue amarrado na parte de trás da carruagem.

Algumas crianças dormem ainda. Após algumas horas, Sami está incomodada e se aproxima de Nina.

– Tia, falta muito para chegarmos à sua casa?

– Não, amor, ainda hoje estaremos em nossa colônia.

– Estou com muitas saudades dos meus irmãos e principalmente de minha mãe – diz a jovem.

– Breve você estará com eles.

– A Maria está lá?

– Sim, Maria está cuidando de seus irmãos menores – diz Nina.

– Que bom!

– Olha, tia, alguém está vindo em nossa direção.

Nina se assusta com um grupo de espíritos que vem em sentido contrário na estrada.

– Volte para dentro da carruagem e se esconda, Sami – ordena Nina.

– Mas o que houve, tia?

– Não me retruque, obedeça – diz Nina.

– Sim, senhora – diz a menina, assustada.

Nina se volta para trás e ordena a todas as crianças.

– Cubram-se, crianças, e fiquem bem quietinhas – diz Nina para todas as crianças.

– Quem são esses? O que querem? – pergunta Nina ao índio cocheiro.

– Não se preocupe, Ventania está na frente e certamente já os viu.

Nina fica preocupada e começa uma prece.

Dezoito espíritos malignos estão à frente, e ao perceberem a presença da comitiva de Nina e seus amigos, param no meio do caminho e esperam pela aproximação.

Ventania para seu cavalo a uma distância segura e espera que a carruagem se junte a ele.

– Quem são? – pergunta Rodrigo, se aproximando.

– Não sei. Parecem ser uma legião – diz Mateus.

– O que faremos?

– Não adianta demonstrarmos medo agora. Fugir não é a solução – diz Ventania.

A carruagem se aproxima e para, todo o grupo está junto. Rodrigo se aproxima de Nina.

– Quem são, Rodrigo? – pergunta Nina.

– Mateus acha que é uma legião.

– O que faremos?

– Vamos esperar pela decisão de Ventania – diz Rodrigo.

Rodrigo volta em direção a Mateus e Ventania.

– O que faremos?

– Vamos em frente – diz Ventania.

– Mas eles estão bloqueando a estrada – diz Rodrigo.

– Não podemos mostrar fraqueza agora, temos que seguir em frente.

– Sendo assim, vamos – diz Rodrigo.

– Mateus, prepare-se para qualquer coisa – ordena Ventania.

– Pode deixar, amigo.

Lentamente, eles seguem se aproximando do bando que está à frente bloqueando o caminho.

Ao aproximar-se, Ventania cumprimenta a todos.

– Bom-dia!

– Bom-dia! – responde o que parece ser o líder do bando.

– Precisamos passar – diz o índio.

– Para onde vocês estão indo?

– Nós somos da Colônia Espiritual Amor & Caridade e estamos voltando de um resgate – diz Rodrigo, se aproximando.

– Resgate de onde?

– Estamos vindo do Peru, onde um terremoto desencarnou muitos.

– E onde estão os que vocês foram buscar?

– São crianças e estão dormindo dentro da carruagem.

– Quantas são? – pergunta o líder.

– Vinte e três, senhor – responde Mateus.

– Você me parece que é daqui, rapaz.

– Sim, eu trabalho na falange de Exu, aqui bem próximo – responde Mateus.

– Você está fazendo a segurança deles?

– Sim, meu senhor. Temos um acordo.

– E o que você ganha fazendo isso?

– Luz, senhor, luz – responde Mateus.

– Precisamos passar, senhor – diz Ventania.

– E essa bela jovem, quem é? – diz o líder, olhando para Nina.

– Ela é a professora dessas crianças – responde Rodrigo.

– Qual o seu nome, senhor? – pergunta Mateus.

– Eu me chamo Nireu. Sou o líder deste bando.

– Bem, Nireu, nós só queremos passar, só isso – diz Rodrigo.

– Eu vou permitir que vocês passem, mas quero algo em troca.

– Mas nós não temos nada para lhe oferecer – diz Mateus.

– Tens sim – insiste o espírito.

– Não temos não, senhor – diz Ventania pegando em sua lança que estava presa ao cavalo.

– Eu acho melhor o senhor guardar essa lança, nós estamos em número bem maior.

– Isso não importa. Estamos acostumados a lidar com espíritos como vocês – diz Ventania.

Rodrigo imediatamente pega em uma sacola presa ao seu corpo um punhal dourado, cravejado de pedras preciosas.

– Vocês querem lutar? – diz Nireu.

– Não, senhor, nós não queremos lutar. Nós só queremos passar.

O clima entre todos é tenso. Os amigos de Nireu fazem um cerco ao grupo. Instala-se ali uma zona energética muito densa. Nina abaixa a cabeça e intensifica sua oração.

Parte do grupo de espíritos parte para o confronto. Ventania usa de sua lança para afastar aqueles que tentam se aproximar da carruagem. Nina se mantém em oração.

Mateus é muito ágil e consegue desferir golpes certeiros nos inimigos, que caem de seus cavalos ao solo enlameado. Socos, gritos e muita confusão se instalam no lugar. Felipe surge por detrás da carruagem e, como um guerreiro medieval, consegue desferir um golpe certeiro no peito de Nireu, que cai ao solo desacordado.

Os outros espíritos fogem assustados com a aparência de Felipe, que mede uns dois metros de altura e usa uma armadura medieval. Em uma das mãos carrega uma lança pontiaguda e, em outra, um escudo dourado que repete uma luz forte que não permite aos inimigos verem quem os ataca.

Todos ficam impressionados pela forma com que Felipe aparece. Nina levanta a cabeça lentamente para observar a cena e fica chocada com o que vê.

– Meu Deus, é Felipe! – diz a jovem.

Todos fogem. Rodrigo se refaz. Mateus volta para a parte de trás da carruagem para observar a segurança do grupo.

Ventania está próximo a Nireu e coloca sua lança no pescoço do inimigo.

– Não faça isso, Ventania – grita Nina.

– Ele tentou contra nós – responde o índio.

– Não faça isso, por favor – insiste Nina.

– Deixe-o ir embora, Ventania – diz Rodrigo.

Nireu se levanta e sai de perto de todos recuando. Ele puxa seu cavalo com uma das mãos e se afasta rapidamente do grupo.

– Felipe, como você conseguiu isso? – pergunta Nina.

– Olhem para trás – diz Felipe.

– Todos se viram e Porfírio está a pouca distância dos amigos.

– Só podia ser o nosso general – diz Rodrigo.

– Sim, ele veio ao nosso encontro após as preces de Nina. Certamente veio ordenado por Daniel – diz Felipe.

– Ainda bem que temos amigos – diz Nina.

– Ainda bem que temos você, Nina. Sem suas preces certamente estaríamos em maus lençóis agora – diz Rodrigo.

– Felipe, você ficou bem bonito assim – diz Nina.

– São seus olhos, Nina, seus olhos – diz o rapaz.

– Como estão as crianças? – pergunta Rodrigo.

– Assustadas – diz Nina.

– Fique com elas, Nina.

– Sim, vou me recolher com elas para dentro da carruagem.

– Senhores, vamos em frente enquanto estamos em paz – diz Ventania.

– Sim, vamos.

– Obrigado, Porfírio – diz Rodrigo.

– Vá em frente, amigos – diz Porfírio voltando para outra estrada.

A caravana segue viagem. Falta pouco para chegarem aos portões da Colônia Espiritual Amor & Caridade.

Após algumas horas de viagem...

– Nina, Nina!

– Sim – diz Nina saindo de dentro da carruagem que segue lentamente pela estrada.

– Venha ver uma coisa! – diz Felipe.

– Onde?

– Venha! Desça da carruagem e suba em meu cavalo.

– O que é que você quer me mostrar, Felipe?

– Você não vai nem acreditar no que eu achei bem ali na frente.

– Lá vem você com suas surpresas – diz Nina, subindo no cavalo de Felipe.

Galopando rapidamente, Felipe sobe em uma colina onde Ventania, Mateus e Rodrigo estão parados sentados sobre seus cavalos. Eles estão observando um lindo vale à frente.

– Olhe, Nina!

– O que é isso?

Uma linda cena se mostra à frente dos iluminados. Vários feixes de luz descem do céu em direção ao

Umbral. São pequenos feixes que mais parecem estrelas cadentes tocando o solo sujo e úmido daquele lugar.

– Gente, o que é isso, alguém pode me responder? – insiste Nina.

– São preces de resgate, Nina.

– Como assim?

– São as orações que vêm da Terra, das casas espíritas e de todos os lugares. São orações sinceras de amor que refletem aqui como luz.

– Meu Deus, que lindo! – diz Nina.

– Realmente é um momento único aqui no Umbral – diz Mateus.

– Vejam aquelas luzes mais fortes, são espíritos como nós que estão descendo para socorrer aqueles que, pela misericórdia divina, recebem a bênção de serem resgatados e levados para os tratamentos nas diversas colônias espirituais.

– Santa misericórdia! – diz Felipe, emocionado.

– Imagino quanta felicidade daqueles que estão sendo resgatados neste momento – diz Nina.

– Sim, Nina, eles se sentem muito felizes e regozijam com Deus a oportunidade oferecida.

– Coitados daqueles que nesta mesma hora não estão recebendo essa graça – diz Felipe.

– Infelizes são aqueles que não acreditam que é assim que as coisas funcionam – diz Ventania.

– Mais infelizes ainda são aqueles que desperdiçam a oportunidade que lhes é ofertada quando encarnados – diz Mateus

– Isso é o que mais temos levado para o Umbral – diz Mateus.

– Como assim? – pergunta Nina.

– O plano físico está recebendo a sua última oportunidade evolutiva. Milhares de espíritos lá encarnados estão em sua última encarnação ou oportunidade evolutiva. E eles são tão miseráveis, que não conseguem enxergar assim. As casas espíritas estão cheias desses espíritos – diz Mateus.

– Nossa, que coisa horrível! – diz Nina.

– Regeneração, essa é a palavra, Nina – diz Rodrigo.

– Olhem, as luzes estão aumentando – diz Felipe.

– Hoje é dia 2 de novembro. No Brasil, é o dia em que eles reverenciam os mortos, por isso tanta prece – diz Rodrigo.

– Se os encarnados pudessem ver isso aqui hoje, todo dia seria dia dos mortos – diz Ventania.

– Olhem, uma luz está se aproximando de nós – diz Nina.

– São irmãos de luz, vamos esperar para ver o que eles querem – diz Rodrigo.

Três espíritos de luz se aproximam do grupo e permanecem estáticos com tanta beleza.

– Boa-noite, Rodrigo!

– Olá, Jonas, quanto tempo! – diz Rodrigo que já havia descido de seu cavalo e esperava a aproximação dos amigos.

– Esses são meus auxiliares: Marcondes e Tália – diz Jonas apresentando seus companheiros ao grupo.

– Boa-noite a todos! – diz Rodrigo.

Nina, Felipe, Mateus e Ventania também cumprimentam o grupo.

– A que devo a honra da visita?

– Nós viemos para buscar Yolanda – diz Tália

– Nossa, que bom! – diz Rodrigo.

– E onde está Yolanda? – pergunta Nina.

– Ela está bem próxima daqui – diz Tália.

– Vocês querem ajuda para buscá-la? – pergunta Mateus.

– Se vocês não se incomodarem!

– Então vamos – diz Ventania.

– Vamos sim – diz Marcondes, abraçando os amigos.

Todos se abraçam e começam a descer a colina.

> *Ainda que eu ande pelo vale da sombra da morte, não temerei mal algum, pois tu estás comigo; a tua vara e o teu cajado me protegem.*

Salmos 23.4

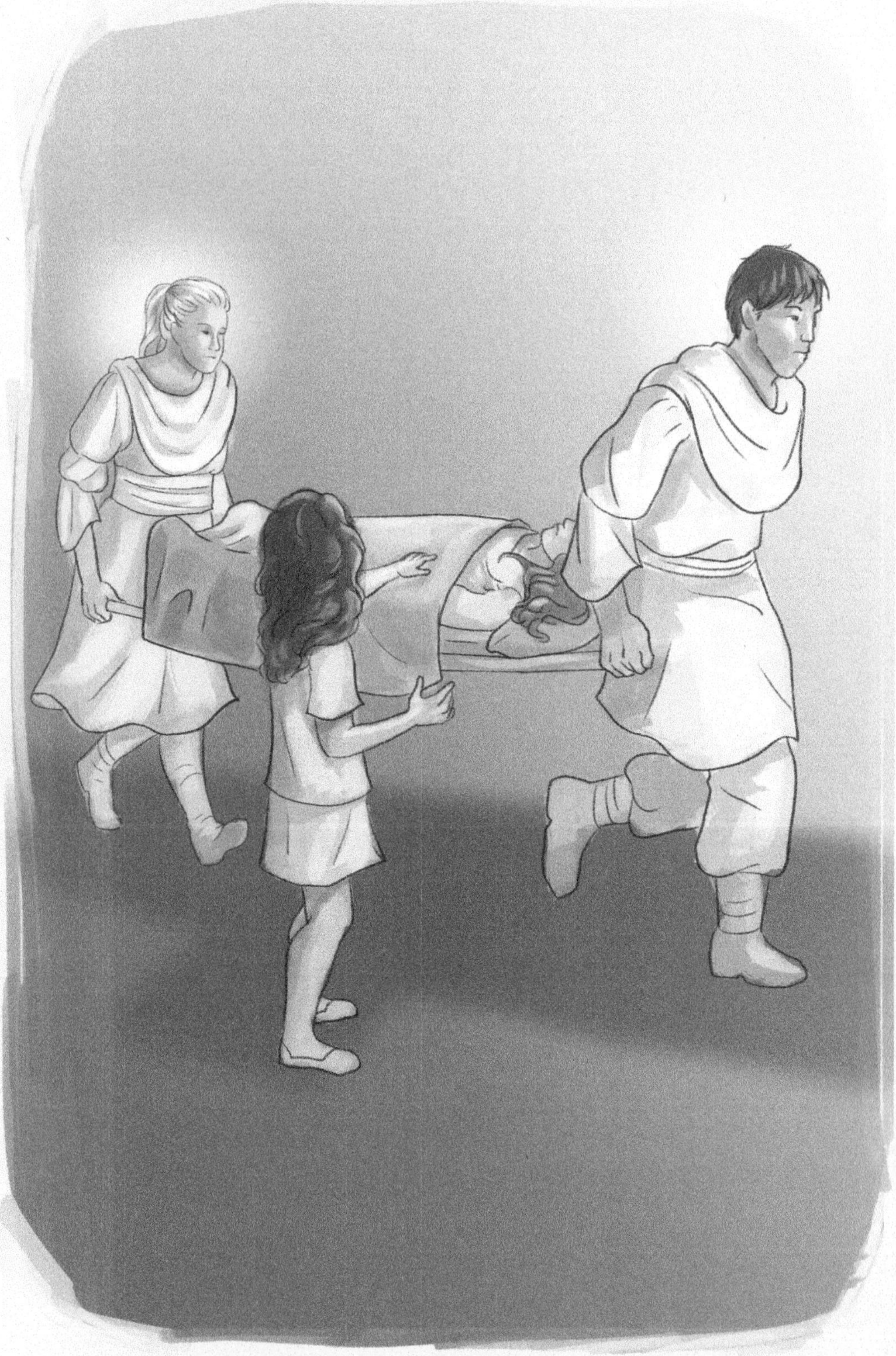

O Resgate

Nina e Felipe se aproximam da carruagem. As crianças estão acordadas e encantadas com as estrelas que cobrem todo o Umbral. O céu está mais claro do que nunca. Uma atmosfera de luz está presente em todo o lugar.

– Tia Nina, onde a senhora estava?

– Eu estava olhando as estrelas – diz Nina, feliz por saber que poderá agradar a Sami dando-lhe notícias de sua mãe.

– O céu está lindo mesmo – diz Sami.

Todas as crianças estão encantadas com a cena. Tão encantadas, que parecem hipnotizadas com o lugar.

– Tia, quem são esses amigos que chegaram com a senhora?

– Estes são o Jonas, o Marcondes e a Tália.

– Muito prazer, tios!

– O prazer é nosso, menina!

– Vamos pegar nossos cavalos e seguir para nosso destino. Temos que ser rápidos, faltam poucas horas para terminar nosso prazo aqui – diz Rodrigo.

– Sim, vamos – diz Felipe.

Todos seguem o destino. Jonas sobe na carruagem e Marcondes usa o cavalo de Nina. Tália senta-se junto às crianças, auxiliada por Nina que faze brincadeiras para distrair as crianças.

Após algum tempo...

– Vire à direita nesta encruzilhada, por favor – diz Jonas.

– Sim, senhor – diz o índio cocheiro.

Após alguns metros, eles chegam a uma pequena floresta de galhos secos e tortos. O lugar é escuro e frio.

– Pare aqui, por favor.

– Sim, senhor.

– Rodrigo, desse ponto em diante teremos que seguir andando – diz Jonas.

– Sem problemas.

Rodrigo e Ventania descem do cavalo e ficam esperando por Jonas e seus auxiliares.

– Mateus, fique aqui e tome conta de todos. Felipe, fique com Nina – diz Rodrigo.

– Pode deixar.

– Vamos, senhores – diz Jonas.

Assim, todos seguem para dentro da pequena floresta negra. A estrada se transforma em um caminho estreito e de difícil acesso. À frente, há um lamaçal onde vários espíritos agonizam na escuridão.

– Ela está aqui? – pergunta Rodrigo.

– Sim, ela está logo à frente – diz Marcondes.

Após alguns metros...

– Olhem, ali está Yolanda.

Yolanda está deitada de bruços, desmaiada. Suas roupas estão sujas e enlameadas, mal permitem que eles a reconheçam. Seus cabelos escondem seu rosto ferido e ensanguentado.

– Ela morreu no terremoto – diz Jonas.

– E por que ela veio para cá? – pergunta Mateus.

– Veio depurar-se.

– Mas ela ainda está do mesmo jeito que chegou – diz Mateus.

– É o que parece, mas não é a realidade dela – diz Tália.

– Enquanto ela estava desacordada aqui, nós visitamos seu passado e seus pecados. Conseguimos que tudo fosse ajustado para que seu resgate seja autorizado. Felizmente, tudo está a contento e agora é só levá-la para nossa colônia que tudo ficará bem.

– Então ela não vai ficar em Amor & Caridade?

– Não, Rodrigo, nós a levaremos para nossa colônia.

– E de onde vocês são? – pergunta Mateus.

– Nós somos da Colônia Redenção. É lá que nós cuidaremos dela – diz Tália.

– Isso não vai acabar bem – diz Rodrigo.

– Por que, meu amigo?

– A filha dela está lá na carruagem conosco. Quando ela souber que sua mãe está aqui ela vai ficar muito feliz. Porém, quando souber que sua mãe vai para outra colônia que não é a nossa, não sei como vamos lidar com isso – diz Rodrigo.

– Isto certamente já está ajustado para acontecer desta forma, Rodrigo – diz Tália.

– Eu não tinha pensado assim.

– Confie, tudo está ajustado para acontecer conforme a vontade do Pai – diz Jonas.

– Bem, vamos colocá-la na maca e levá-la conosco – diz Marcondes.

Após uma rápida limpeza em suas vestes, feita por Tália, Yolanda é colocada na maca. Assim lentamente eles voltam ao encontro do grupo.

– Olhe, tia Nina, eles estão vindo! – diz Sami.

– Nossa! Como você é esperta. Está sempre atenta a tudo à sua volta – diz Nina.

– Minha mãe me ensinou a ficar sempre atenta em tudo à minha volta. Ela dizia que quando a gente presta atenção nas coisas, tudo fica mais compreensível para nós.

– Belo ensinamento de sua mãe, Sami – diz Felipe.

Rodrigo vem à frente do grupo e se aproxima de Nina.

– Nina, coloque as crianças para dentro da carruagem, preciso conversar com você.

– Sim. Venham, crianças, entrem na carruagem, pois já vamos embora.

Todas as crianças obedecem e entram na carruagem. Sami, que é muito esperta, fica sentadinha no banco do cocheiro, curiosa com a chegada dos espíritos, e percebe vir uma maca com alguém doente.

– Peça a Sami para entrar, Nina, por favor – diz Rodrigo.

– Sami, por favor, fique lá dentro.

– Sim, tia Nina, desculpe-me.

A menina se recolhe junto com as outras e Rodrigo aproveita para afastar-se junto com Nina da carruagem.

– Nina, nós trouxemos Yolanda.

– Ela está acordada?

– Não. Jonas disse-me que ela ainda não acordou desde o terremoto e que ele a levará para a colônia dele.

– Meu Pai! E como é vou administrar Maria e seus irmãos? Imagina, e Sami?

– É exatamente essa a minha preocupação – diz Rodrigo.

Felipe se aproxima do grupo.

– O que houve?

– Rodrigo me disse que Jonas vai levar Yolanda para a colônia dele.

– E agora, o que faremos com as crianças? – diz Felipe, assustado.

– Vou conversar com Jonas e ver com ele a possibilidade de ele seguir conosco até a entrada de Amor & Caridade. Quando chegarmos lá eu converso com o Daniel, e nós verificaremos a possibilidade de ajustar essa situação – diz Rodrigo.

– Faça isso, amigo – diz Felipe.

– Por favor, Rodrigo, interceda por essas crianças! – diz Nina.

– Pode deixar. Quem sabe Deus nos permite mudar esta história.

– Ele há de permitir, Rodrigo, pois separar essas crianças de sua mãe é realmente algo de que eu não gostaria de participar – diz Nina.

– Vou conversar com Daniel – diz Rodrigo.

– Se você quiser, eu posso ir com você e converso com ele também – diz Felipe.

– Toda ajuda nesta hora é importante – diz Rodrigo.

– Deus há de ouvir minhas preces – insiste Nina.

Rodrigo segue para conversar com Jonas.

– Jonas, meu amigo, qual é a possibilidade de seguirmos juntos até Amor & Caridade?

– O que houve, Rodrigo?

– Estou muito preocupado com os filhos de Yolanda, que estão sob nossa responsabilidade. Não queria causar essa dor na menina que está lá dentro da carruagem. Ela já sabe que desencarnou e até está aceitando isso muito bem. Ela está feliz porque sabe que seus irmãos estão em nossa colônia. Ela espera que sua mãe também esteja lá.

– Compreendo – diz Jonas.

Tália se aproxima do grupo após repousar serenamente no chão a maca que traz Yolanda.

– Tália, você se incomoda de passarmos em Amor & Caridade com o Rodrigo? – pergunta Jonas.

– De forma alguma. Aproveito para abraçar Daniel, estou com muitas saudades do meu amigo.

– Rodrigo, nós vamos seguir a viagem com vocês. E quando chegarmos à Amor & Caridade nos despedimos.

– Obrigado, Jonas – diz Rodrigo.

Felipe se aproxima do grupo.

– E aí, Rodrigo, viu? Nós conseguimos! – diz Felipe, animado.

– Eles vão conosco até a colônia e lá decidimos o que fazer.

– Boa escolha e ótima solução.

– Posso lhe pedir mais uma coisa, Jonas?

– Sim, Rodrigo.

– Vamos esconder Yolanda das crianças?

– Sem problemas, mas como vamos fazer isso?

– Deixa que eu, tendo muita experiência em cavalos, vou colocá-la sobre o cavalo de Nina e cobrimos seu corpo com uma coberta. Desta forma ninguém saberá que ali há uma mulher sendo transportada. E além de tudo, já estamos muito perto dos portões. Vamos mantê-la desacordada. Assim não teremos nenhum problema.

– Façamos assim – diz Jonas.

Todos se arrumam e a viagem segue até os portões da colônia.

> Não reclame das sombras, faça luz.
>
> *André Luiz*

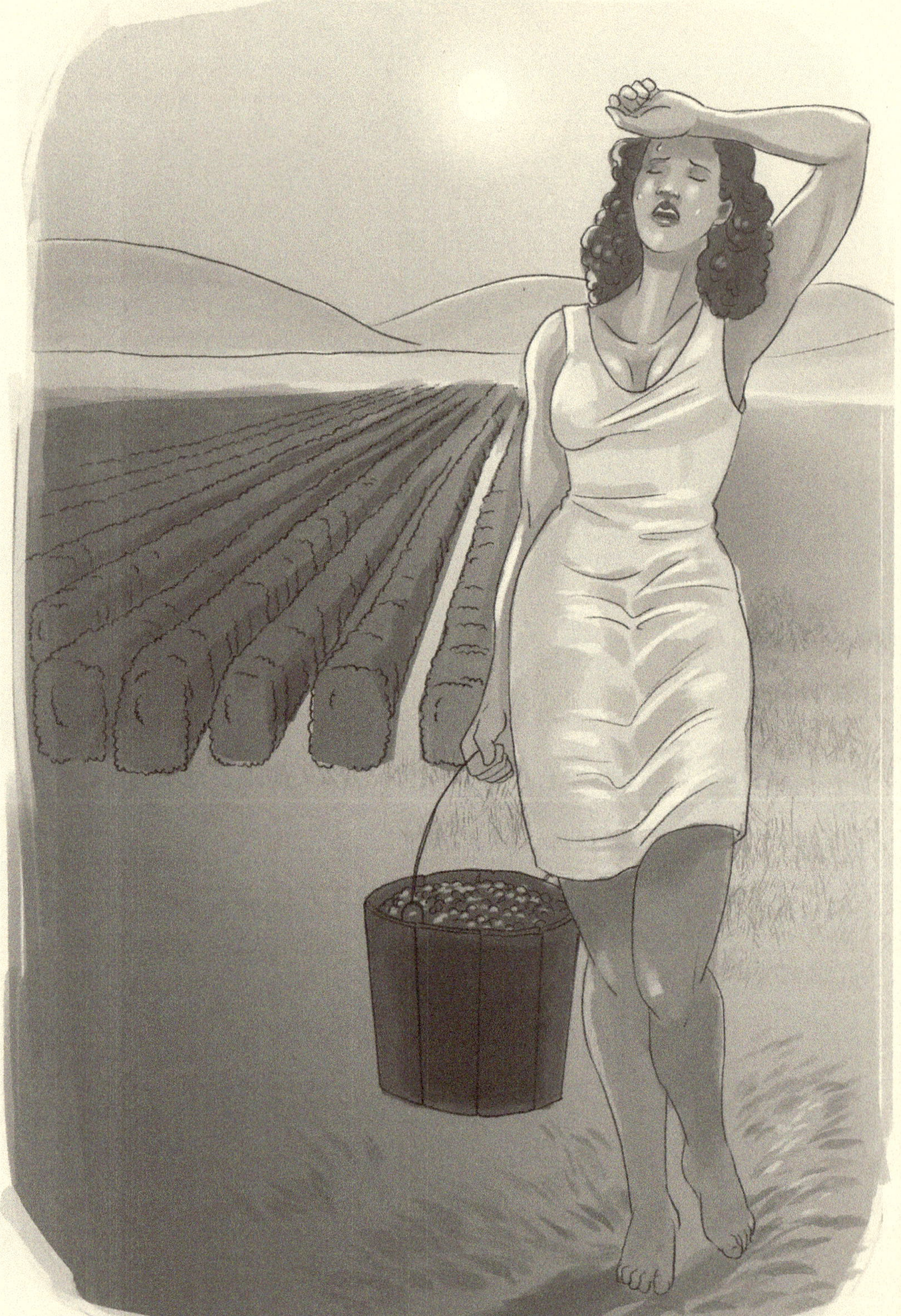

O Recomeço

A caravana segue, e finalmente eles chegam aos portões da Colônia Amor & Caridade. A noite é escura, e nos portões há soldados defendendo os muros e guardando o lugar. Há muitos índios, e Ventania é saudado como um líder.

Vários índios se aproximam do grupo e auxiliam todos antes da entrada principal.

– Bem-vindo, Rodrigo! – diz Lua Vermelha.

– Olá, Lua!

– Como foi a viagem?

– Cansativa, mas conseguimos cumprir as determinações de Daniel.

– Vocês trouxeram a menina?

– Não só ela como outras vinte e duas.

– Como assim, meu amigo?

– Isso é uma longa história, Lua Vermelha – diz Rodrigo caminhando em direção aos portões.

Nina se aproxima de Rodrigo. Os portões são abertos para que eles possam entrar. Yolanda é colocada em uma maca sem que as crianças percebam. Felipe está ao lado de Jonas, que é convidado a entrar em Amor & Caridade.

– Vamos direto à sala de Daniel para tratarmos deste assunto – diz Felipe.

– Sim, podemos ir – diz Jonas.

– Eu vou com vocês – diz Nina.

– Jonas, eu sei que suas ordens são para levar Yolanda para Redenção, mas, conforme conversamos, espero sinceramente que consigamos interferir nas ordens superiores, e que Yolanda seja autorizada a ficar aqui – diz Rodrigo.

– Olha, Rodrigo, nós, se assim posso falar em nome de Tália e Marcondes, não nos opusemos a vir até aqui por caridade. Nós também achamos que será muito doloroso para essas crianças ficarem sem sua mãe.

– Obrigado, meu amigo.

– Não tem de quê.

Tália está próxima e intercede na conversa. Nina também se aproxima do grupo.

– Sabe, Nina, tenho uma história muito parecida com esta que estamos vivendo neste momento – diz Tália, emocionada.

– Olha só. Realmente não existem acasos – diz Nina.

– Sim. Eu vivi em minha última encarnação uma história de superação e principalmente de amor profundo.

– E você pode nos contar?

– Quando chegarmos à sala de Daniel, se ele me permitir, eu conto tudo a vocês – diz Tália.

– Será uma honra para nós conhecermos um pouco mais de você, Tália – diz Marcondes.

– Obrigada, meus amigos – diz Tália.

– Agora vamos rápido, porque tenho certeza que Daniel nos espera – diz Rodrigo.

– Esperem um pouco – diz Nina. – Lua Vermelha, você pode levar as crianças para a enfermaria número quatro, por favor?

– Sim, Nina. Deixe-as comigo – diz a bela índia.

Lua Vermelha é a companheira de Ventania. Juntos, eles trabalham na segurança da Colônia Espiritual Amor & Caridade. Além disso, ela é a principal auxiliar de Nina nas enfermarias lotadas de Amor & Caridade.

Jovem, desencarnou aos dezessete anos. Mantém-se assim, pois é um espírito muito elevado. Morena de cabelos longos, pele macia e lábios carnudos, realmente chama a atenção pela beleza de sua aura.

– Venham, crianças! – diz Lua Vermelha, organizando-as para seguirem em fila para dentro da colônia.

– Tia Nina. É aqui a sua casa? – pergunta Luzia.

– Sim, meu amor, é aqui a nossa casa.

– Olhem, tem árvores! – diz Sami.

– Que lugar lindo! – diz João.

– Vamos logo, crianças, vocês precisam descansar.

As crianças obedecem à Lua Vermelha, que não consegue esconder a alegria de estar com elas. Seus rostinhos agora mostram a alegria de um recomeço.

Nina observa tudo com lágrimas nos olhos e um lindo sorriso de felicidade.

– O que houve, Nina? – pergunta Felipe.

– Consegui finalmente trazer Sami para o convívio dos irmãos.

– Eu tinha certeza que você conseguiria – diz Felipe.

– Eu também – diz Rodrigo, se aproximando.

– Venha, Nina, vamos conversar com Daniel, afinal nossa missão ainda não terminou.

– Vamos – diz Ventania.

Mateus, que ficará na divisão do Umbral, é recordado por Rodrigo.

– Ah, e não nos esqueçamos de agradecer a Mateus.

– Sim, com certeza. Vou falar com Daniel sobre ele – diz Nina.

– Ele é um grande amigo e companheiro – diz Ventania.

Todos seguem para o encontro com Daniel. O dia começa a nascer em Amor & Caridade. Pássaros cantam alegremente anunciando um novo dia. Os raios de sol invadem toda a colônia realçando toda a beleza do lugar.

São vários galpões envidraçados e com suas cúpulas douradas. Todos são pintados de azul-claro e branco. Centenas de jardins separam as pequenas casas, pequenas árvores coloridas enfeitam as estradas que se interligam por todo o lugar. Há centenas de espíritos trabalhando. Uns passam apressadamente pelo grupo que os cumprimentam. Outros estão sentados nos jardins contemplando o amanhecer. Alguns oram, outros brincam. Há animais como cães que passeiam ao lado de seus donos. O ambiente é leve e perfumado. Todos trazem em seus rostos uma alegria difícil de explicar. Suas vestes são diferentes. Assim é Amor & Caridade.

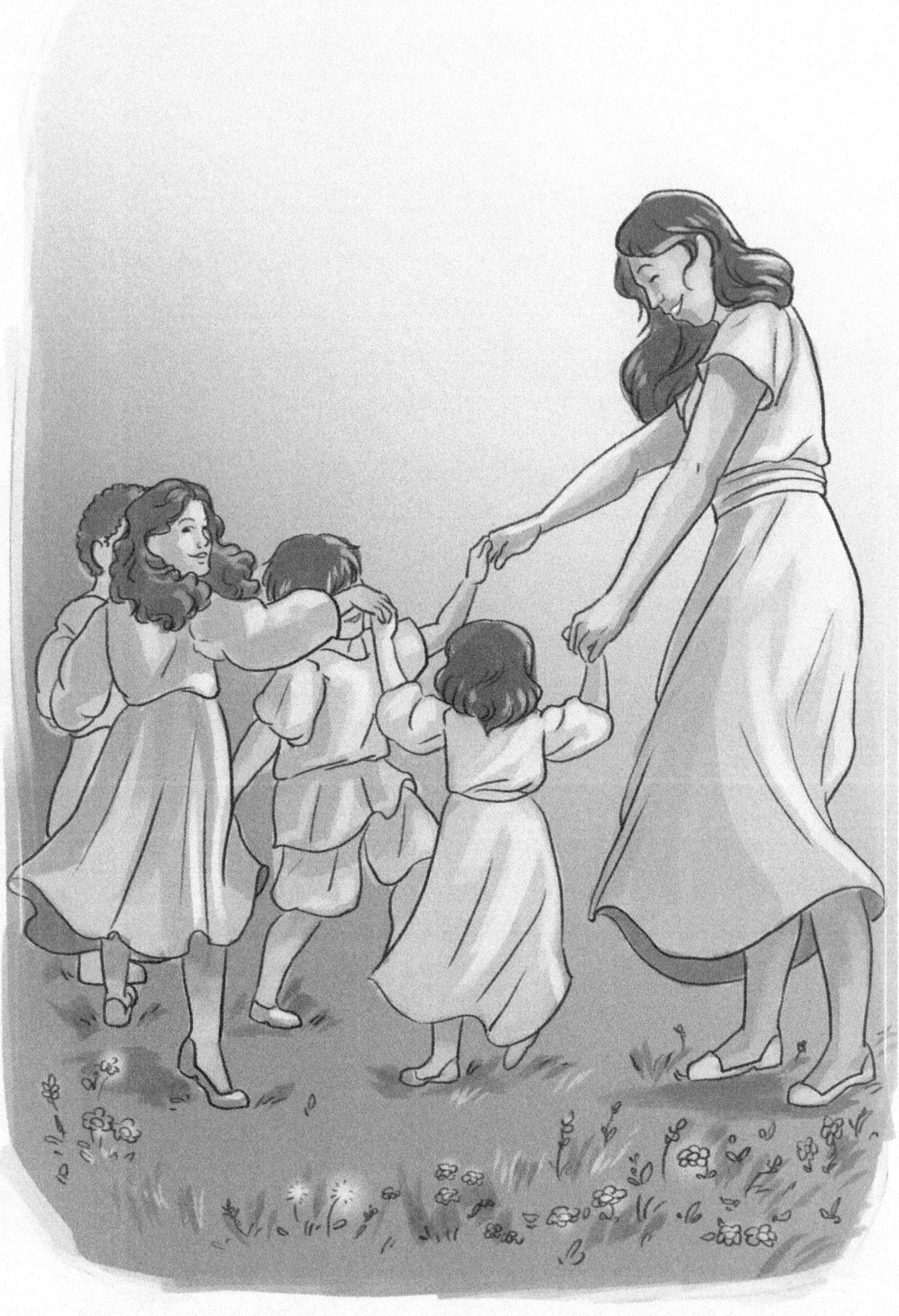

Uma Dose de Amor

Todos chegam à antessala de Daniel e são recebidos por Marques.

– Bom-dia, Marques!

– Bom-dia, Rodrigo! Sejam todos bem-vindos! Daniel está lhes esperando, podem entrar – diz Marques abrindo uma grande porta que dá acesso à ampla sala de Daniel.

Há cadeiras para todos sentarem, estrategicamente colocadas de forma que todos ficam de frente para Daniel.

– Sejam bem-vindos! – diz Daniel com um sorriso no rosto.

– Olá, Daniel – diz Jonas, se aproximando.

– Meu querido Jonas, como estão todos lá em Redenção?

– Muito trabalho, Daniel, muito trabalho.

– Olha quem chegou, vejam se não é Tália – diz Daniel, abraçando a jovem menina.

– Olá, Daniel! – diz Nina se aproximando.

– Cumpriu sua missão, Nina?

– Sim, meu nobre amigo.

– Parabéns a todos vocês! – diz Daniel.

– Não foi muito fácil, mas conseguimos.

– Sentem-se, por favor – diz Daniel, sinalizando com as mãos os lugares à frente de sua mesa.

– Obrigado, Daniel – diz Marcondes.

– Seja bem-vindo, meu rapaz! – diz Daniel.

Todos se sentam. Marques interfere no encontro.

– Perdoe-me, Daniel, mas os amigos desejam alguma coisa?

– Não, Marques, obrigado – responde a maioria.

– Estava mesmo ansioso para que vocês chegassem – diz Daniel se sentando.

– Nós é que não víamos a hora de trazer as crianças para serem logo atendidas – diz Felipe.

– Que bom, Felipe, que deu tudo certo!

– Sim, Daniel, nós passamos por algumas dificuldades no Umbral, mas graças à sua ajuda, conseguimos passar por aqueles inimigos até com certa facilidade, se assim posso dizer.

– Com certeza, a ajuda de Porfírio foi fundamental para aquele momento – diz Rodrigo.

– Porfírio é um grande amigo. Na verdade, ele é um grande general – diz Daniel.

– Bom, Daniel, como você sabe, nós fomos até o Umbral para resgatar Yolanda, e lá encontramos sua caravana voltando de outro resgate. Por sugestão de Rodrigo, nós passamos aqui para que você possa, junto à espiritualidade superior, ver a possibilidade de a Yolanda ficar junto a seus filhos – diz Jonas.

– Sim, Jonas, eu já consultei a espiritualidade superior, mas eu gostaria que Tália contasse para todos vocês sua última experiência como encarnada, pois assim vocês poderão entender melhor a nossa decisão – diz Daniel.

– Se me permites, Daniel, posso começar? – diz Tália.

– Vamos fazer melhor. Eu vou passar neste telão sua história para que todos possam aprender com sua experiência. Pode ser? – diz Daniel.

– Claro que sim! – diz Tália.

Uma grande tela começa a descer do teto e vai até o chão. Todos ficam concentrados. A luz do ambiente é diminuída e começa a passar ali a última encarnação de Tália.

Brasil, 1865.

Todos começam a ver uma linda fazenda de cacau no sertão brasileiro, mais precisamente nos sertões da Bahia. Vários escravos estão trabalhando na lavoura de cacau. Benedita é uma negra de vinte anos. Ela é muito bonita e chama a atenção de todos. Desejada pelo senhor da fazenda, que tenta a todo custo tê-la em sua cama. Josias é o negro apaixonado por Bené, como assim é chamada. Filha de escravos que nasceram no cativeiro, foi sempre muito bem tratada pelos seus pais, que a criaram com muito amor e carinho, embora escravos. A senhora da fazenda tinha pulso forte e não permitia relação entre negros e brancos. Mas Bené era diferente. Era uma mulher muito bonita e pagava o preço por sua beleza. Bené trabalha no serviço braçal, o qual só os homens conseguiam fazer. Suada e cansada, ela se senta embaixo de um cacaueiro e é abordada por Josias, o negro seu namorado, que é muito apaixonado por ela.

– Está cansada?

– Sim, muito cansada.

– Um dia ainda vou tirar você desta situação.

– Deixe de bobagem, Josias. Somos escravos e nunca sairemos daqui com vida.

– Sairemos sim, confie em mim.

– O que é que você está arrumando, homem?

– Nada. Não estou armando nada.

– Olha, Josias, não faça bobagem. Eu não sei se conseguiria viver sem você – diz Bené abraçando o negro.

Josias é um rapaz de vinte e cinco anos. Eles foram criados juntos e desde meninos trocam juras de amor.

– Vamos voltar ao trabalho, o feitor em breve estará aqui – diz Bené.

– Sim, vamos.

Aquele dia foi de muito trabalho e cansativo para todos. À noite, após o jantar, Bené se senta em um banco feito de um tronco de madeira no meio da senzala. Josias se aproxima para namorarem.

– Meu amor, eu não consigo mais ver você sendo castigada por sua beleza – diz Josias.

– Não tenho culpa de ter nascido bonita – diz Bené.

– Vamos fugir?

– Você só pode estar maluco, fugir para onde?

– Alguns amigos meus estão preparando uma fuga na próxima lua cheia.

– E aonde é que vocês pensam que vão?

– Vamos fugir para a floresta.

– Você ficou maluco? Vamos viver de que dentro das matas?

– Viveremos das ervas e das frutas que têm em abundância neste lugar.

– Quando será isso?

– Na próxima lua cheia.

– E quem sabe disso?

– Eu, o João e mais alguns irmãos.

– Alguma mulher está neste grupo?

– Sim, a Janaína, filha de dona Rosa. Ela vai fugir com Antônio.

– Eu não sei. Deixar os meus pais aqui. Não sei. Tenho medo que eles façam alguma maldade com minha mãe e com meu pai – diz Bené.

– Se não fizermos isso, jamais sairemos daqui. Jamais seremos uma família. Você sabe, a senhora proibiu vocês, negras, de engravidarem.

– É, eu sei. Isso é muita maldade. Podemos viver juntos, mas não podemos procriar.

– Por isso acho que temos que fugir.

– Vou conversar com minha mãe e meu pai, se eles autorizarem eu fujo com você.

– Faça isso, meu amor, e vamos ser felizes bem longe daqui.

Alguns dias se passam e o casal se encontra no mesmo lugar. Todos na sala estão atentos ao desenrolar da vida anterior de Tália.

– Conversou com os seus pais, negra?

– Sim.

– E o que você decidiu?

— Não vou fugir com você.

— Mas sem você eu também não vou – diz Josias.

— Pois bem, fiquemos aqui – diz Bené.

— Bené, você sabe muito bem que jamais sairei de perto de você, você sabe muito bem que o amor que sinto por você é para toda vida. Quando pensei em fugir daqui foi para que nós pudéssemos ser felizes. Foi pensando em nossos filhos que eu combinei com os amigos fugir deste lugar.

— Eu sei, meu amor, eu sei disso, mas não posso entregar meus pais à sorte do feitor. Ele é muito mal e fatalmente vai descontar em meus pais a minha fuga e toda a sua ira.

— É, eu sei disso. *Tá* bem, meu amor, ficaremos aqui até que a sorte possa sorrir para nós; quem sabe um dia a patroa volte a permitir que nós, escravos, possamos ter os nossos filhos.

— Isso, meu amor, seja mais otimista.

— Otimista!... Ver você se matando na lavoura corta o meu coração.

— Sou jovem e aguento muito bem esse trabalho.

— Venha aqui, vamos para nosso lugar secreto namorar um pouco – diz Bené pegando Josias pelas mãos e correndo para se esconder embaixo de uma velha carroça onde o casal fica a namorar.

Após alguns meses...

Todos estão trabalhando na lavoura, quando Bené desmaia. Todos correm para socorrê-la. O feitor, ao ver a cena, ordena que levem Bené para a senzala.

À noite, Josias encontra sua amada.

– Você está melhor?

– Sim.

– O que houve?

– Eu acho que estou grávida – diz Bené.

– Meu Deus, isso não pode ser verdade. Você não se cuidou?

– Sim, eu me cuido desde os dezessete anos, quando começamos a namorar.

– E agora?

– Não sei. Minha mãe quer que eu beba um chá preparado para abortar a criança.

– É isso que você tem que fazer.

– Eu jamais vou fazer isso.

– Então como faremos?

– Não sei. Mas matar meu filho? Isso eu não farei – diz Bené decidida.

– Então vamos fugir.

– Todos os seus amigos que tentaram fugir estão até hoje amarrados no tronco. Alguns nem conseguem mais respirar. Essa definitivamente não é a solução.

– Então o que faremos?

– Acho que vou conversar com nosso senhor. Ele sempre teve muita atração por mim. Creio que ele não vai deixar a senhora me fazer algum mal.

– Isso é muito arriscado – diz Josias.

– Mas eu não tenho outra saída.

– Então vamos lá pedir para falar logo com ele – diz Josias.

– Vá você e converse com o feitor, avise a ele que nós precisamos falar com o senhor. Aproveite que ele está sentado na varanda fumando. Este é o momento ideal para falarmos com ele – diz Bené.

– Vou fazer isso.

Josias sai da senzala e vai até o quintal da frente da fazenda onde o senhor está sentado fumando um cachimbo. Josias se aproxima do senhor, proprietário dos escravos e das terras. O feitor está próximo a seu patrão e percebe a chegada do negro.

– O que você quer aqui, seu abusado?

– Perdoe-me, senhor, mas peço a permissão para me aproximar e falar com o patrão.

– O patrão não quer assunto com você não, escravo.

O coronel intercede e diz.

– Deixe o negro se aproximar.

– Obrigado, senhor.

– Venha, negro, o que deseja?

– Perdoe-me, senhor. Mas sou o namorado da Bené e ela me pediu para vir aqui e pedir permissão ao senhor para que ela possa lhe falar uma coisa.

– E onde está ela?

– Está na senzala, senhor.

– Então vá buscá-la e traga-a aqui.

– Sim senhor, eu já volto.

Assim Josias vai até a senzala e volta com Bené, que veste um vestido branco colado ao corpo mostrando toda a sua sensualidade.

– Diga, Bené, o que você quer falar com o patrão? – diz o feitor.

– Boa-noite, patrão!

– Diga logo o que quer, Bené.

– Quero humildemente pedir permissão ao patrão para ter um filho.

– Como assim? Vocês, negros, sabem da ordem.

– Sim, meu senhor, eu tenho me cuidado há bastante tempo, mas infelizmente eu estou grávida e gostaria muito de ter este filho.

– Negra abusada – diz o feitor se aproximando de Bené que é prontamente protegida por Josias.

– Deixe-a, Lourenço – ordena o coronel.

– Vocês, negros, sabem da ordem de minha esposa. Vocês não podem ter filhos. Estamos com muitos escravos e só conseguiremos controlá-los se vocês pararem de parir.

– Não tivemos a intenção, senhor – diz Josias.

– Josias, eu até gosto de você. Você é um bom escravo. Um homem trabalhador e que me dá muitos lucros – diz o senhor.

– Pois é isso mesmo, senhor, eu posso trabalhar dobrado. Posso cumprir uma carga de horas maior e assim Bené não fará falta nas lavouras.

Repentinamente, a senhora aparece na varanda após ouvir toda a conversa.

– Boa-noite, meu senhor. Quer dizer que essa negra maldita está prenha e acha que vai parir em minha propriedade? Você está muito enganada, negra fedorenta. Lourenço, coloque essa negra no tronco e dê-lhe quantas chibatadas forem necessárias para ela perder essa criança – ordena a senhora.

– Sim, minha senhora – diz Lourenço pulando em cima de Bené e arrastando-a para o tronco.

O senhor assiste a tudo sem mesmo parar de fumar seu cachimbo.

Nina intercede.

– Nossa, Daniel, que coisa horrível!

– Sim, Nina, é lamentável que Tália tenha passado por isso.

– Como você se sente vendo esta cena, Tália? – pergunta Josias.

– Não me abalo.

– Por que não se abala? – pergunta Felipe.

– Simplesmente porque eu venci a todos eles.

– Como assim? – diz Nina.

– Nina, nem tudo o que os olhos dos encarnados veem é visto pelos olhos da alma. Assim, o que vocês estão vendo agora é simplesmente o começo de uma grande vitória. Temos que aprender que nem tudo que os olhos mostram são realidades espirituais. Nem todos os acontecimentos os quais achamos trágicos são verdadeiramente uma desgraça.

– Isso eu sei perfeitamente – diz Jonas.

– Então vamos em frente – sugere Rodrigo.

– Sim, vamos em frente – diz Daniel.

A cena volta a aparecer no telão.

Bené é colocada no tronco e fica por dias sendo castigada. Até que seu espírito se desprende do corpo físico e ela adentra a Colônia da Redenção. Lá, ela é recebida pelo seu avô, que já havia desencarnado havia alguns anos. E logo que ela chega é levada a um jardim onde uma bela menina está sentada esperando por ela.

– Olhe Bené, esta menina está lhe esperando sentadinha ali há alguns dias.

– Quem é ela?

– Vá lá e converse com ela – diz seu avô, emocionado.

Bené caminha lentamente ao encontro da menina que está sentada balançando as pernas. Em seus cabelos há tirinhas coloridas de tecidos que bailam suavemente aos ventos da colônia.

– Olá! – diz Bené se aproximando.

– Oi! Eu estava mesmo lhe esperando – diz a menina.

– Quem é você? – pergunta Bené.

– Qual era mesmo o nome que você tinha escolhido para sua filha, caso nascesse uma menina?

Os olhos de Bené ficam marejados.

– Eu tinha pensado que se fosse menina, ela iria se chamar Catarina.

– Pois este é o meu nome.

Não houve mais nenhuma palavra naquele momento. Bené abraça a menina e chora compulsivamente. As duas ficam ali abraçadas por horas, alma com alma, coração com coração, amor com amor.

As luzes se acendem e Nina está chorando, emocionada.

– Que lindo, Tália – diz Nina abraçando-a.

– Parabéns, Tália! – diz Felipe se aproximando.

Tália e Nina ficam abraçadas chorando juntas.

– E onde está esta menina, Tália? – pergunta Rodrigo.

– Ela está encarnada – responde Tália, emocionada.

– Parabéns! – diz Rodrigo.

– Confiem sempre na misericórdia divina. Muitas das coisas que acontecem nos planos encarnatórios são ainda muito difíceis de serem compreendidas por espíritos rudes, que estão inteiramente ligados à materialidade. Cabe a nós, espíritos iluminados, e a todos aqueles que já compreenderam a razão da existência, perdoar e auxiliar o progresso da humanidade.

– Sábias palavras, Daniel – diz Jonas.

Agora quero convidá-los para irem comigo até lá fora. Eu tenho uma surpresa para todos – diz Daniel.

– Vamos? – convida Marques abrindo as portas da sala de Daniel.

Refeitas da emoção, Nina e Tália são as primeiras a se levantarem para seguir com Daniel e os demais para uma pequena praça muito próxima ao seu gabinete.

Juntos, os iluminados caminham em direção a uma pequena praça onde podem ver Yolanda e seus filhos dançando embalados por uma linda canção celestial.

Nina olha para Daniel e sorri. Todos se abraçam e ficam felizes com o momento tão especial. Mais uma vez o amor superou todas as dificuldades.

Fim

> *A nossa felicidade será naturalmente proporcional em relação à felicidade que fizermos para os outros.*

Allan Kardec

Outros títulos lançados por Osmar Barbosa

Conheça outros livros psicografados por Osmar Barbosa. Procure nas melhores livrarias do ramo ou pelos sites de vendas na internet.

Acesse

www.bookespirita.com.br

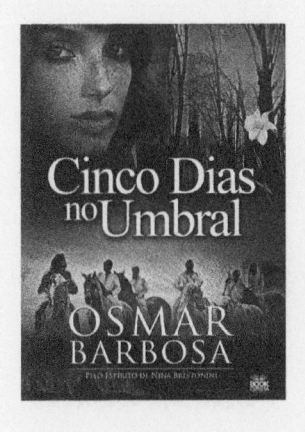

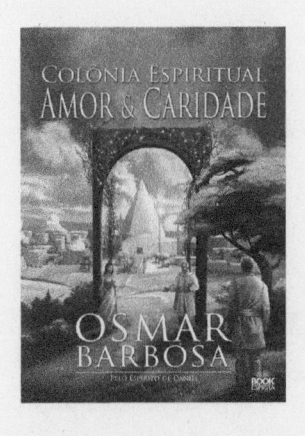

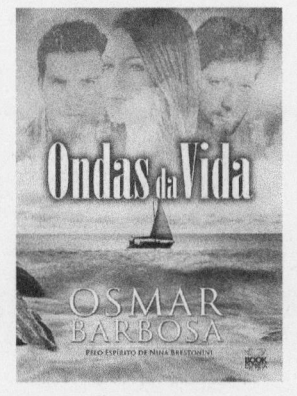

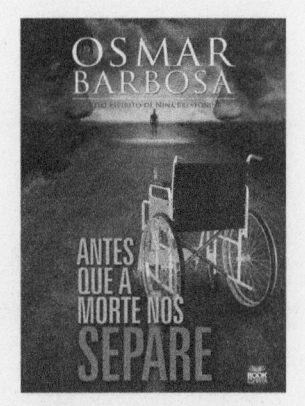

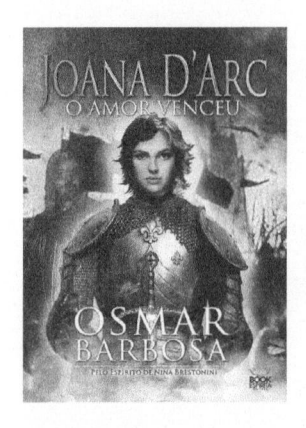

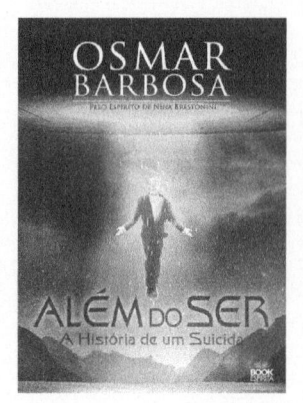

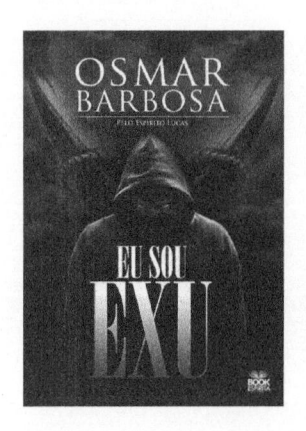

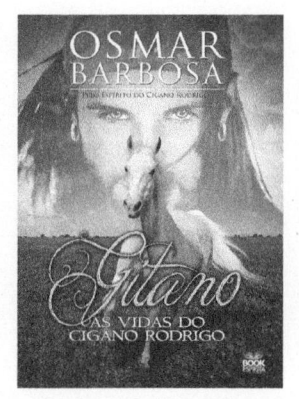

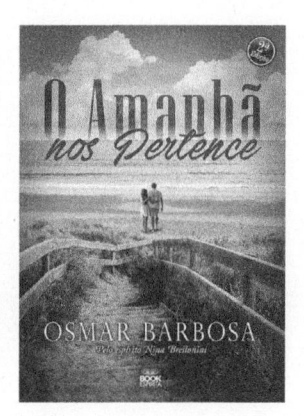

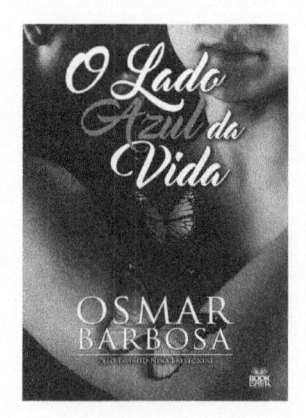

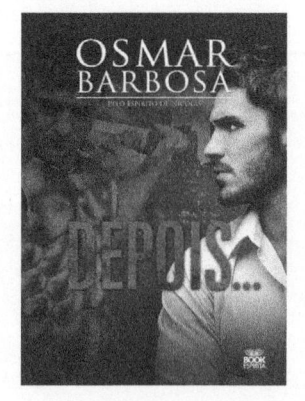

JOANA D'ARC O AMOR VENCEU OSMAR BARBOSA	ALÉM DO SER A História de um Suicida OSMAR BARBOSA	A BATALHA DOS ILUMINADOS OSMAR BARBOSA
EU SOU EXU OSMAR BARBOSA	Gitano AS VIDAS DO CIGANO RODRIGO OSMAR BARBOSA	O Amanhã nos Pertence OSMAR BARBOSA
Mãe, voltei! OSMAR BARBOSA	O Lado Azul da Vida OSMAR BARBOSA	DEPOIS... OSMAR BARBOSA

O LADO OCULTO DA VIDA
OSMAR BARBOSA
PELO ESPÍRITO DE DANIEL

Entrevista com Espíritos
Os Bastidores do Centro Espírita
por OSMAR BARBOSA

Entre Nossas Vidas
OSMAR BARBOSA
PELO ESPÍRITO DE NINA BRESTONINI

COLÔNIA ESPIRITUAL
AMOR & CARIDADE
Dias de Luz
OSMAR BARBOSA
PELO ESPÍRITO DE DANIEL

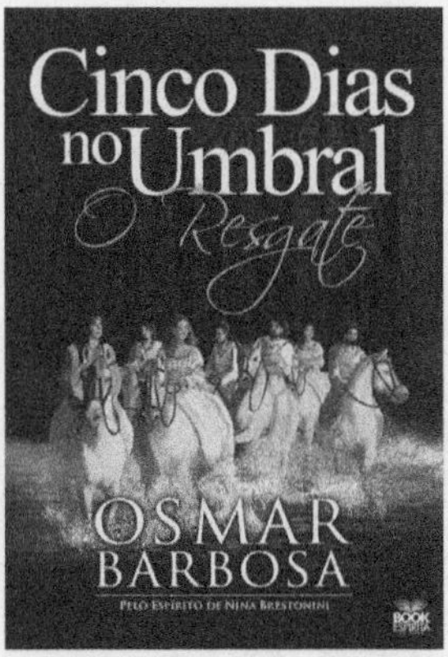
Cinco Dias no Umbral
O Resgate
OSMAR BARBOSA
PELO ESPÍRITO DE NINA BRESTONINI

OSMAR BARBOSA
PELO ESPÍRITO DE LUCAS
Amigo Fiel

VINDE A MIM
O Evangelho no Lar
OSMAR BARBOSA
PELO ESPÍRITO DE DANIEL

IMPUROS
A Legião de Exus
OSMAR BARBOSA
PELO ESPÍRITO DE LUCAS

O Médico de DEUS
OSMAR BARBOSA
PELO ESPÍRITO DE NINA BRESTONINI

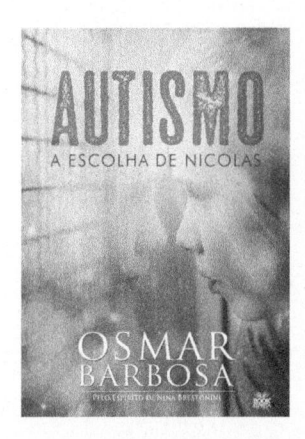

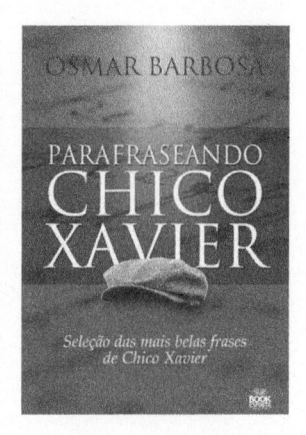

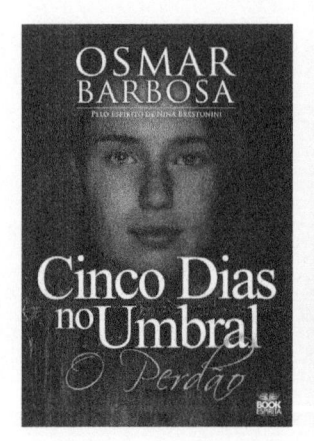

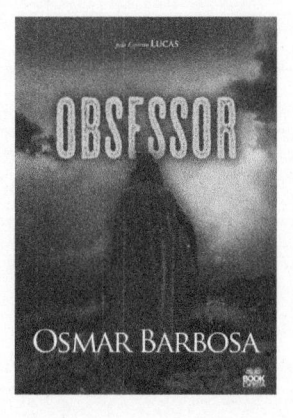

- **AUTISMO** — A ESCOLHA DE NICOLAS — OSMAR BARBOSA
- **UMBANDA** PARA INICIANTES — OSMAR BARBOSA
- **PARAFRASEANDO CHICO XAVIER** — OSMAR BARBOSA — Seleção das mais belas frases de Chico Xavier
- **Cinco Dias no Umbral** — O Perdão — OSMAR BARBOSA
- **Acordei no UMBRAL** — OSMAR BARBOSA
- **A ROSA DO CAIRO** — ROMANCE ESPÍRITA — OSMAR BARBOSA
- **DEIXE-ME Nascer** — pelo Espírito Nina Brestonini — OSMAR BARBOSA
- **OBSESSOR** — pelo Espírito Lucas — OSMAR BARBOSA
- **REGENERAÇÃO** UMA NOVA ERA — pelo Espírito Jonas — OSMAR BARBOSA

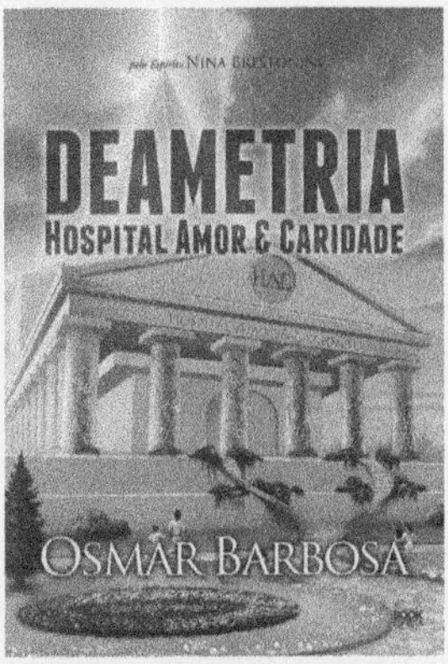
NINA BRESTONINI
DEAMETRIA
HOSPITAL AMOR & CARIDADE
OSMAR BARBOSA

A
Vida
depois da
Morte
OSMAR BARBOSA
NINA BRESTONINI e LUCAS

DEAMETRIA
A Desobsessão
Modernizada
OSMAR BARBOSA
CABOCLO VENTANIA

O
SUICÍDIO
DE ANA
OSMAR BARBOSA
NINA BRESTONINI e LUCAS

Cinco Dias
no Umbral
OSMAR BARBOSA
NINA BRESTONINI

BOOK ESPÍRITA
EDITORA

Esta obra foi composta na fonte Century751 No2 BT, corpo 13.
Rio de Janeiro, Brasil.